Marianna Simnett *WINNER*

Nationalgalerie
Staatliche Museen zu Berlin

Nationalgalerie der Gegenwart

Hamburger Bahnhof

Für die / For the **Nationalgalerie – Staatliche Museen zu Berlin herausgegeben von** / edited by **Sam Bardaouil & Till Fellrath**

SilvanaEditoriale

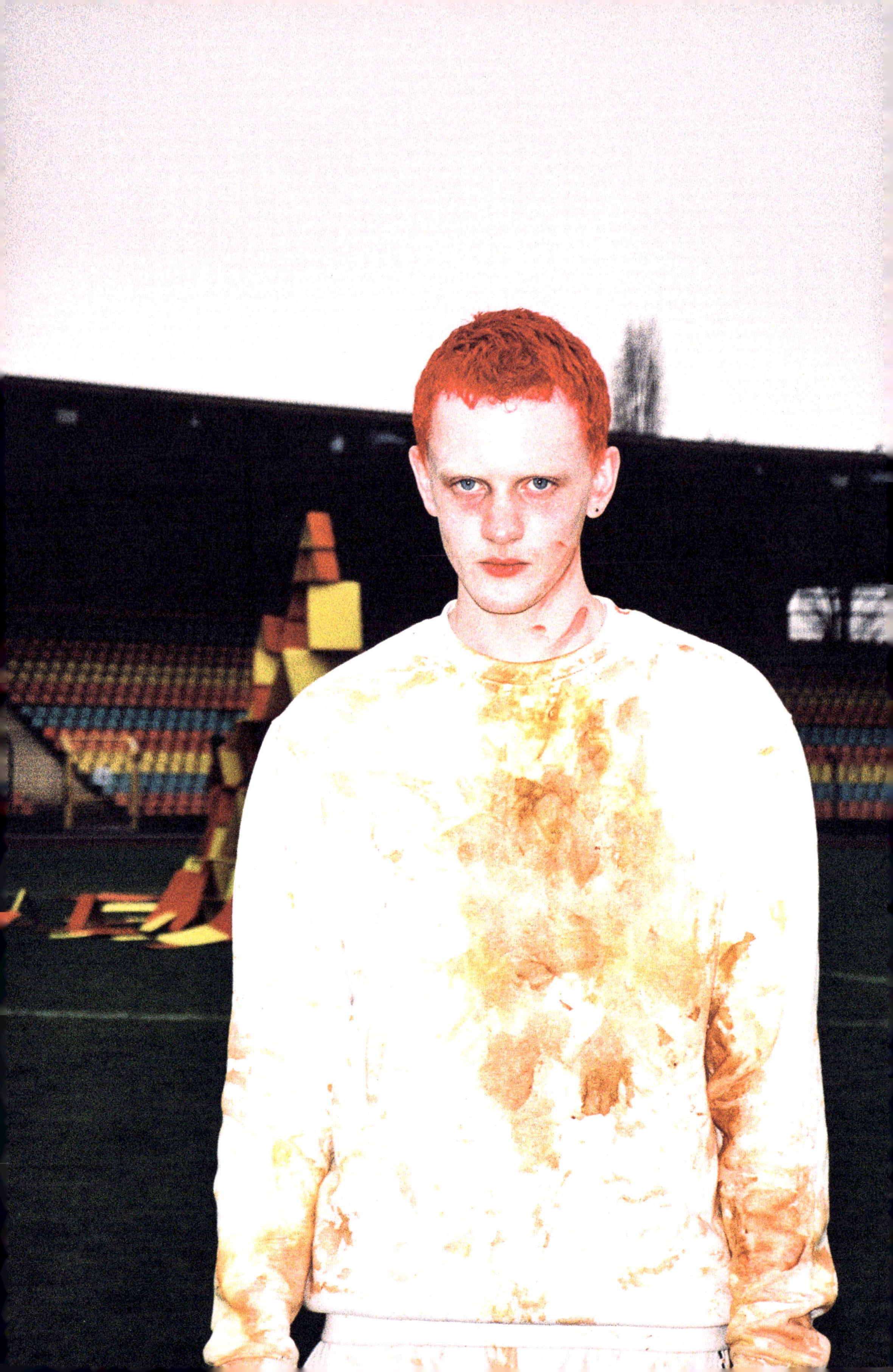

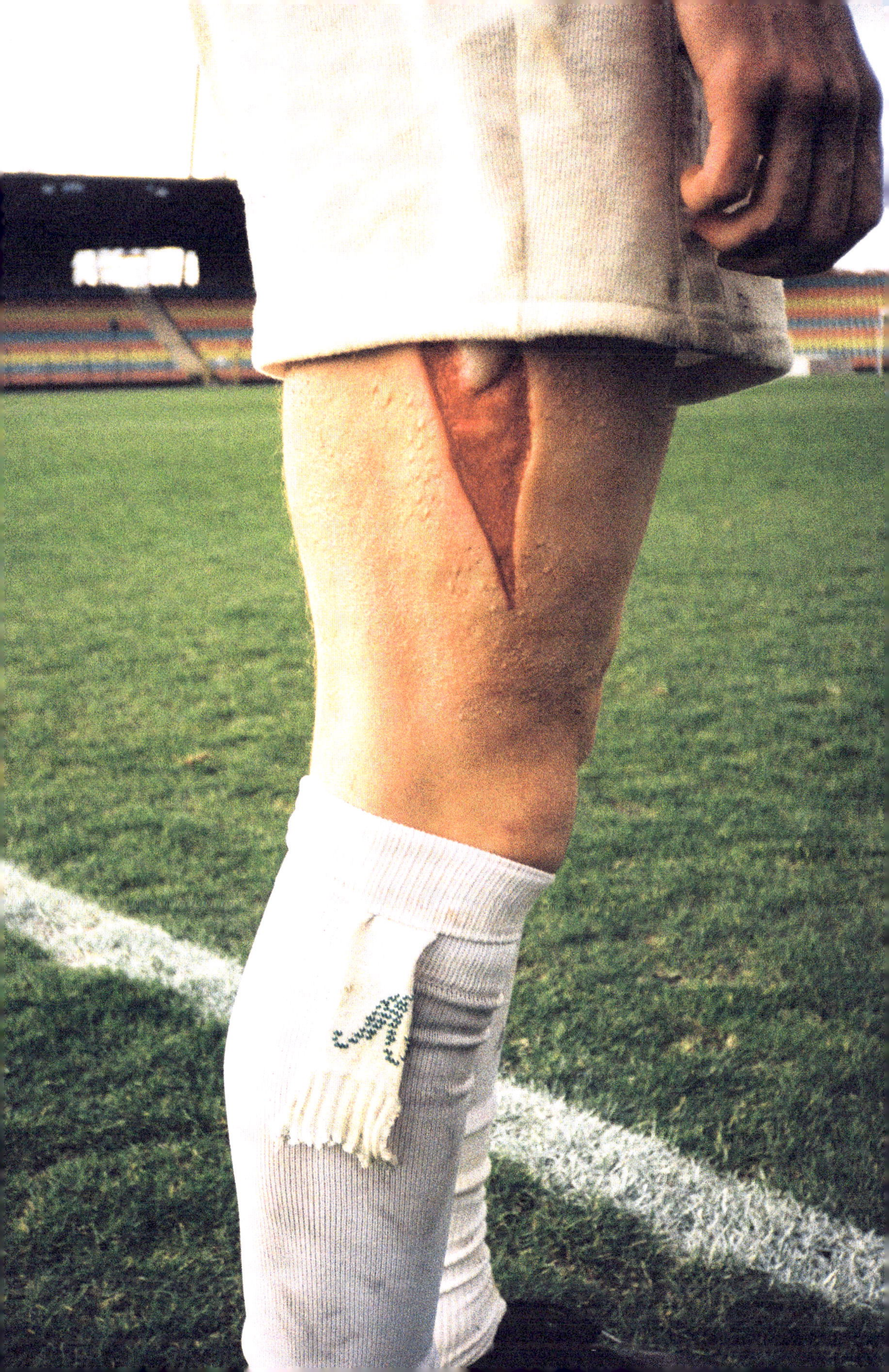

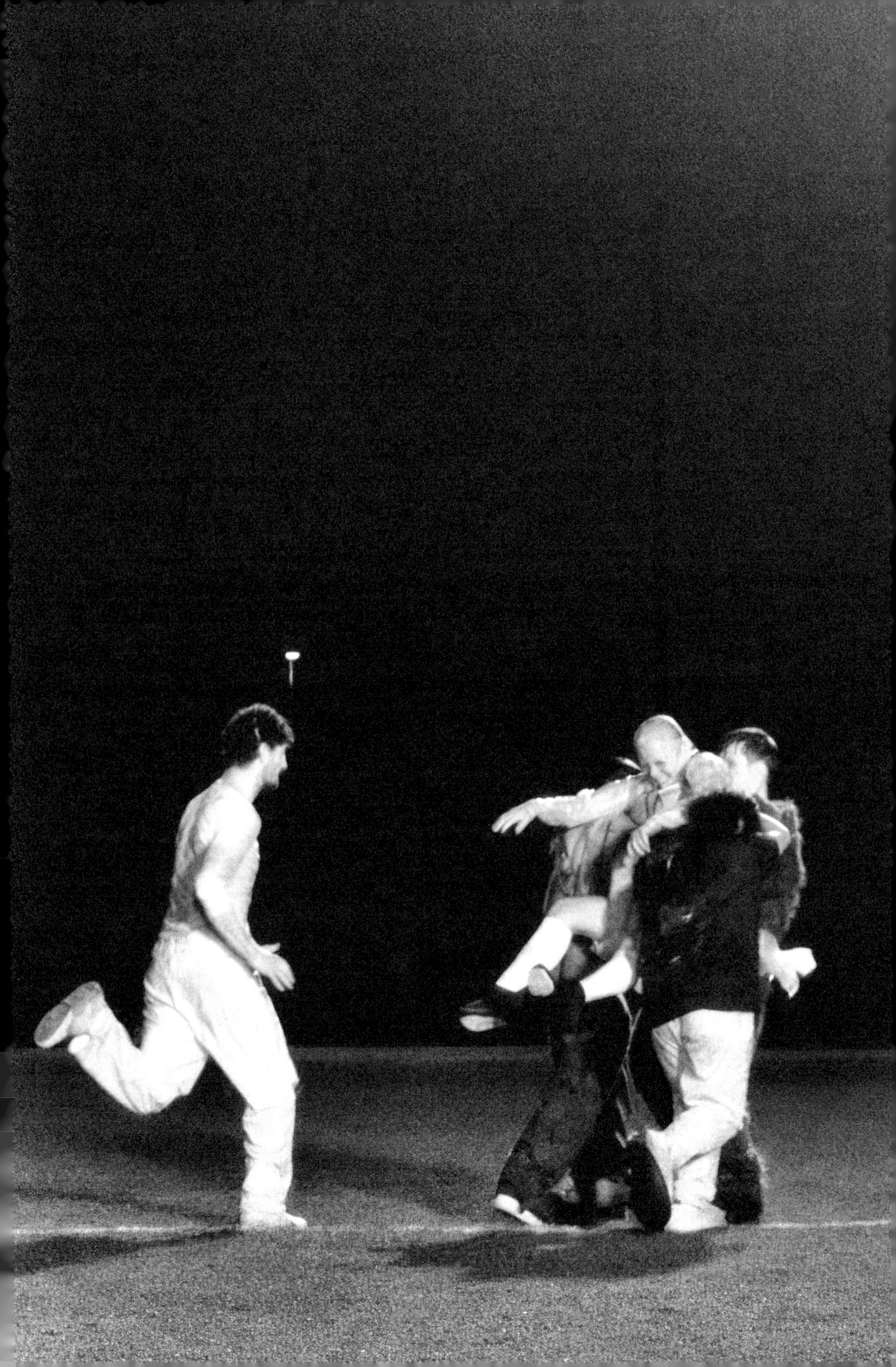

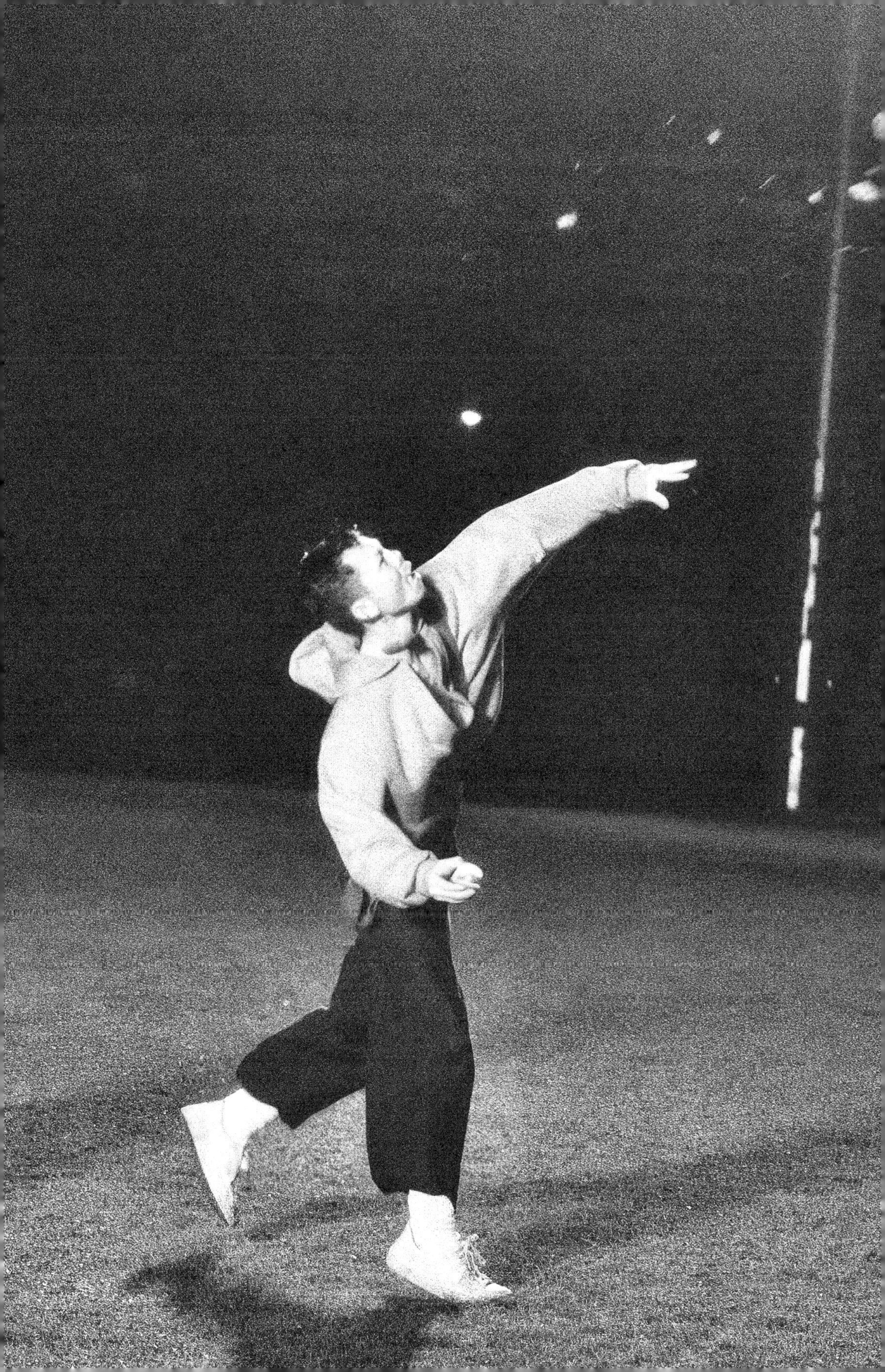

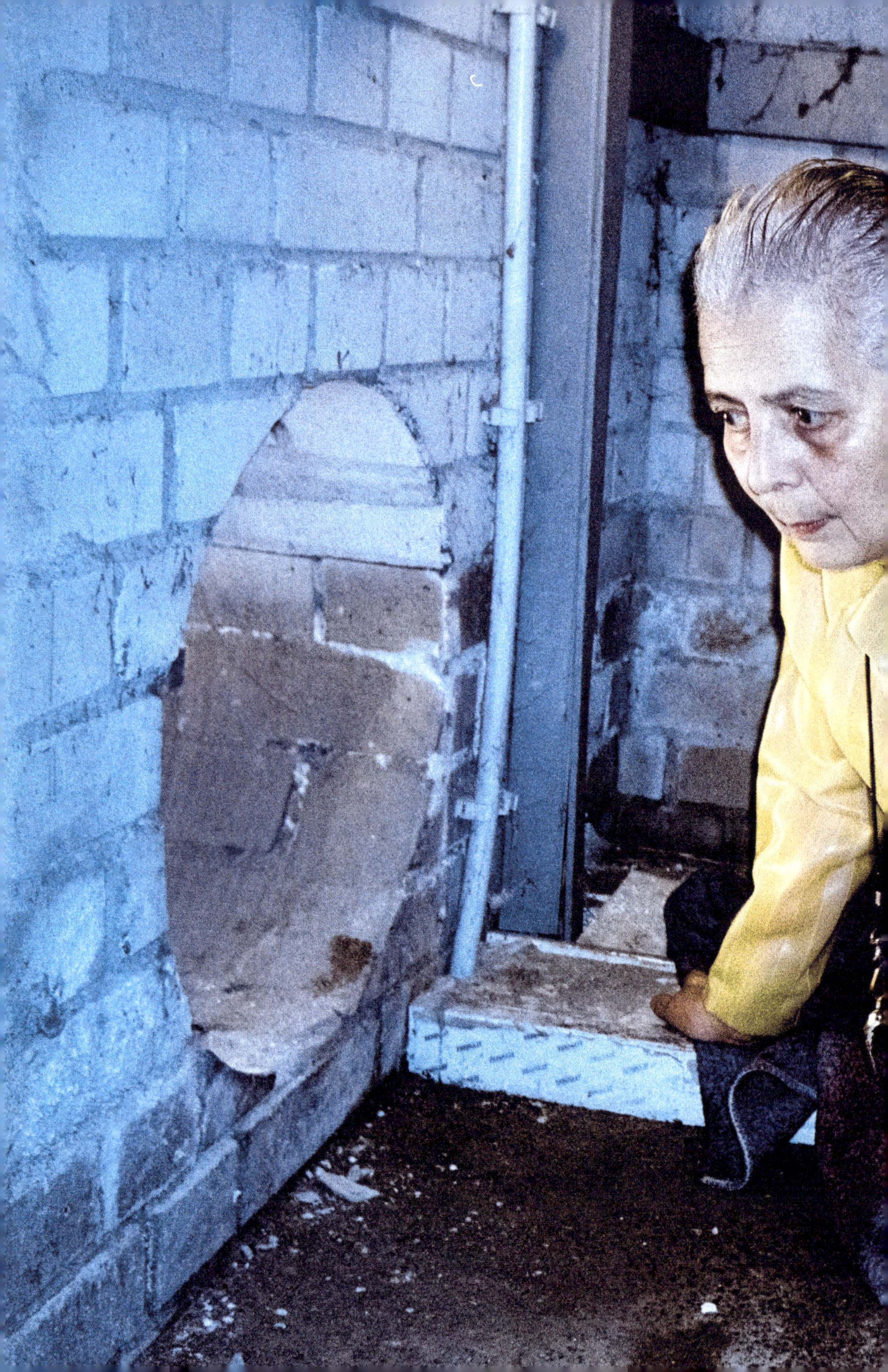

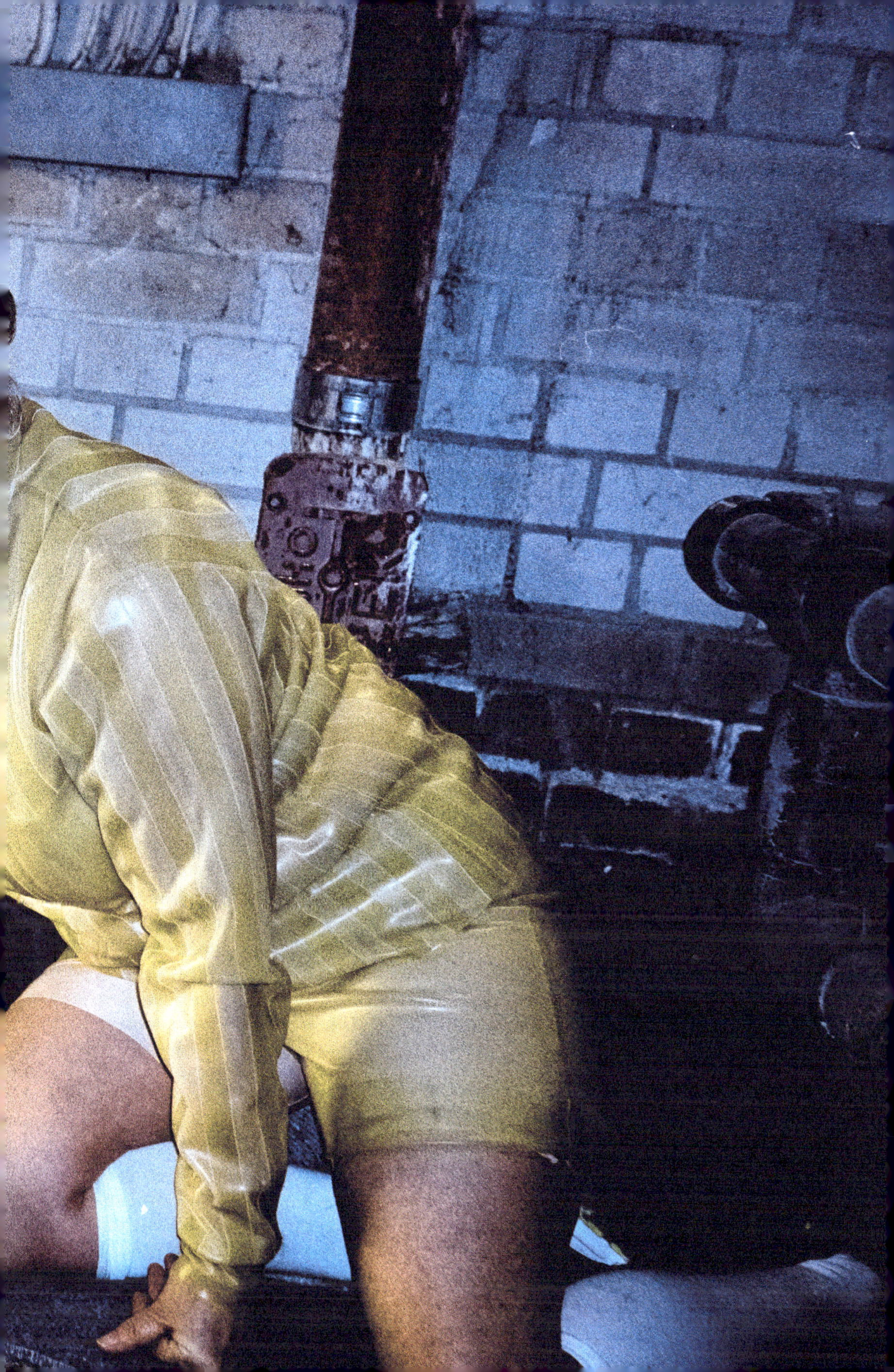

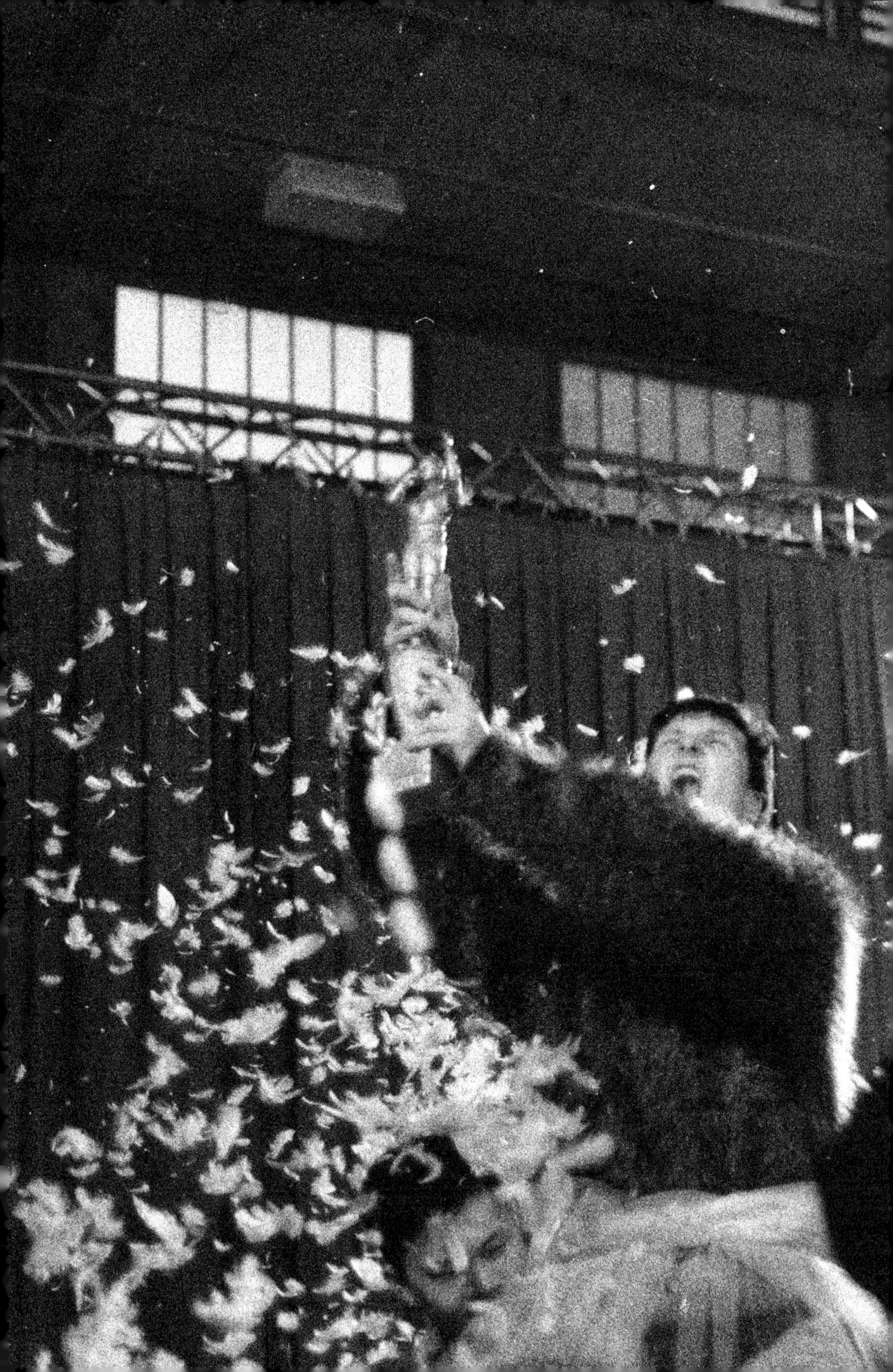

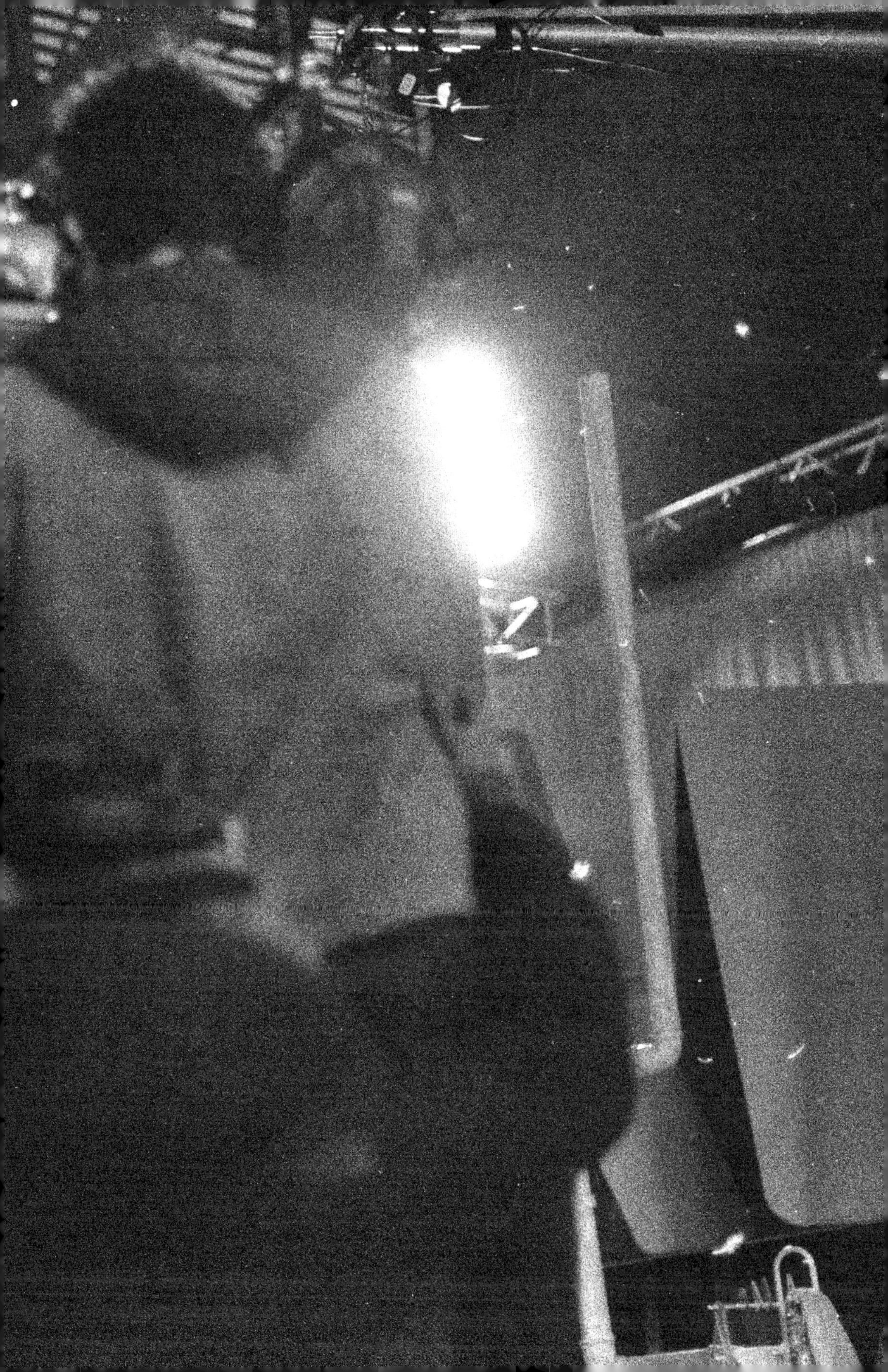

Inhalt / Content

Marianna Simnett. *WINNER*

Charlotte Knaup

Fußball – und die von ihm ausgehende Anziehungskraft – besaß immer etwas Undurchdringliches für mich. Als junges Mädchen, eher künstlerisch als sportlich interessiert, stand das Schmettern eines Fußballs, der gegen einen Metallzaun geschossen wurde oder die engen Schulflure entlang prallte, für eine Art Eroberung des öffentlichen Raums. Diese war selbstverständlich vorwiegend (wenn auch nicht ausschließlich) männlich geprägt. Für „die Jungs" war aller Raum öffentlich, zu besetzen, zu nutzen und mit Lärm, Emotionen, Gelächter und Spiel auszufüllen. Das bedeutete jedoch, dass sich andere, und dazu zähle ich auch mich selbst, aus diesem Raum und der Gemeinschaftserfahrung verdrängt fühlten.[1] Während ich aus dem Umfeld herauswuchs, in dem Jungs Bälle kicken, nahm Fußball eine weniger dominante Rolle in meinem täglichen Leben ein. Zwar ist seine kulturelle Vorherrschaft nicht zu leugnen – jedoch blieb mir seine Welt weitgehend verschlossen.

Es ist nicht leicht, Marianna Simnett zu schockieren. Ihr multidisziplinärer Ansatz scheut nie vor radikalen Mitteln zurück, wie etwa der autodidaktischen Hyperventilation, der Wiederbelebung von tierischen Verkehrsopfern oder der Injektion von Botox in die eigenen Stimmbänder. Trotzdem war sie zunächst verblüfft von der Einladung, ein Projekt mit dem Thema Fußball im Vorfeld der 2024 in

Football, and its allure, always had something impenetrable for me. As a young girl of generally a more artistic than sporty temperament, the crashing sound of a ball being kicked against a metal fence or pounding down the narrow school hallways represented football's domineering conquest of common space. There was of course something predominantly (though not exclusively) male about this taking-over, so that for 'the boys', all space was communal, to be occupied, used, and filled with noise, high emotions, laughter, and play. But a consequence is that for others, and I include myself in this, they feel squeezed out of the communal space, the communal experience.[1] As I naturally aged out of environments of boys kicking balls around communal spaces, football has occupied less of a conquering force in my daily life. Yet its cultural dominance cannot be overlooked—even so, it has remained unknowable to me.

It is not easy to unsettle Marianna Simnett, whose multidisciplinary approach never shies away from radical means like self-taught hyperventilation, resuscitating roadkill, and injecting Botox into her own vocal cords. But she was taken aback by the invitation to develop a project about football ahead of the European Cham-

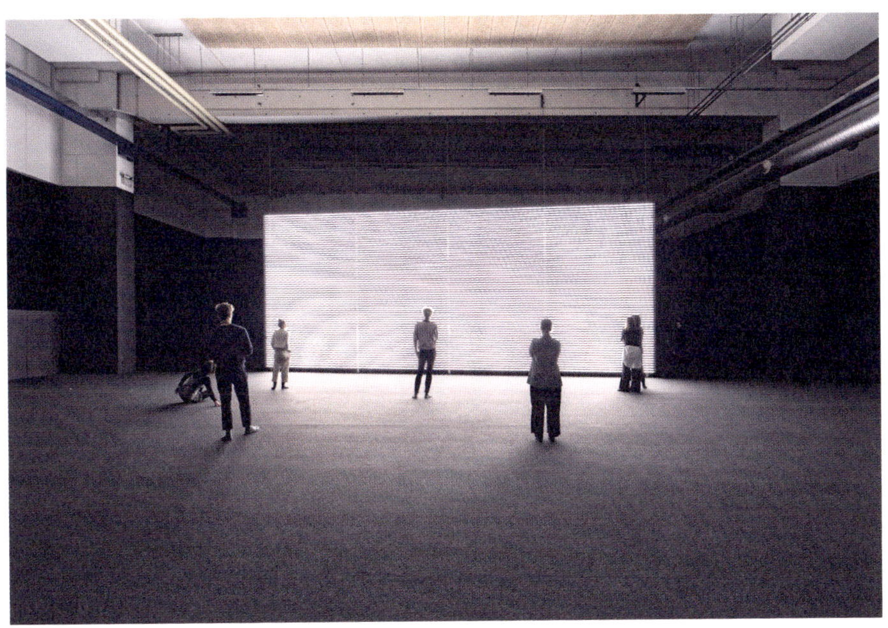

Marianna Simnett, *Faint with Light*, 2016, LED, Ton, Aluminium, Acryl / LEDs, audio, aluminum, acrylic, Maße variabel / dimensions variable, 11:12 Min. (Loop), Ausstellungsansicht / installation view SEIZURE, Copenhagen Contemporary, Kopenhagen / Copenhagen, 2019

Deutschland stattfindenden Europameisterschaft zu entwickeln. Auch für sie war Fußball nichts, mit dem sie sich besonders identifizieren konnte.[2] Und doch hat ihr Gonzo-Stil eine gewisse Sportlichkeit, denn wenn sie in ein Thema eintaucht, passt ihre Alles-oder-Nichts-Haltung perfekt zu Blut, Schweiß und Tränen des populärsten Sports der Welt. Ihre Herangehensweise ist ähnlich wie ihre Werke selbst: rigoros und konfrontativ. Für die Vorbereitung zu *WINNER* recherchierte sie in Büchern, Podcasts, Interviews mit Spieler*innen und Schiedsrichterinnen, besuchte sie Spiele, Stadien und die DFB-Akademie in Frankfurt, um die Sprache, die Bewegungen, die Klänge, die ikonischen Momente und das Geschehen auf und neben dem Platz, in Kneipen, Presseräumen, zu Hause und im Fernsehen zu erfassen. Dieses radikale Eintauchen ließ Marianna Simnetts anfänglichen Schock einer tiefen Faszination für die Macht des Fußballs weichen. Sie stieß ihrerseits auf eine Welt voller offener und hilfsbereiter Menschen, die bereit waren, ihre Leidenschaft zur Unterstützung dieses Projekts zu teilen, und die ihre Zeit mit unendlicher Großzügigkeit zur Verfügung stellten.

pionship (hosted by Germany in 2024). For her, too, football was not something she particularly identified with.[2] There is, however, a certain athleticism to her gonzo style, diving into a topic as she does makes her all-or-nothing attitude a perfect fit to take on all the blood, sweat, and tears of the world's most popular sport. Her way of engaging with her subjects in their totality is similar to how her work presents itself: rigorous and confrontational. In the lead up to *WINNER*, her research spanned books, podcasts, interviews with players and female referees; trips to games, stadiums, and the DFB academy in Frankfurt—in a quest to take in the language, the movements,

---

1 Claudia Mitchell & Carrie Rentschler, *Girlhood and the Politics of Place*, New York: Berghahn Books, 2016.
2 Marianna Simnett, Pressekonferenz der Stiftung Fußball & Kultur EURO 2024 gGmbH, Hamburger Bahnhof – Nationalgalerie der Gegenwart, 24. Februar 2024.

---

1 Claudia Mitchell & Carrie Rentschler, *Girlhood and the Politics of Place*, New York: Berghahn Books, 2016.
2 Marianna Simnett, press conference of the Stiftung Fußball & Kultur EURO 2024 gGmbH, Hamburger Bahnhof – Nationalgalerie der Gegenwart, February 24, 2024.

Als ich Marianna Simnett und das *WINNER*-Team in das Berliner Olympiastadion begleitete, wo wir den 3:1-Sieg von Hertha BSC gegen den SC Paderborn miterlebten, erkannte ich eine weitere Parallele zwischen ihren Werken und dem Fußball: eine unglaubliche Viszeralität. Marianna Simnetts Arbeiten zu begegnen, ist eine körperliche Erfahrung. Als ich zum ersten Mal ihrer Klang- und Lichtinstallation *Faint with Light* (2016) gegenüberstand, wurde mir aufs Schärfste bewusst, wie mein beschleunigender Atem mein Nervensystem überdrehen ließ. Die eindringlichen Melodien und Gesänge ihrer Flötenoper *GORGON* (2023) klangen in mir noch lange nach der Performance nach. Sich in einem Stadion zu befinden, das bebt und hallt vom Jubel und Stampfen der leidenschaftlichen Masse, besitzt eine ähnlich bewegende Kraft. Es scheint unmöglich, die Gefühle der Fans nachzuempfinden, ohne ihre Hingabe zu teilen, aber es ist trotzdem mitreißend und ergreifend.

Marianna Simnett ist es mit ihrer Arbeit für den Hamburger Bahnhof gelungen, die

the sounds, iconic moments, and what happens on and off the pitch, in Kneipen, press rooms, homes, and on TV. Through this radical immersion, Marianna Simnett's initial shock made way for a deep fascination with the power of football and in turn she found a world filled with welcoming and helpful people, eager to share their passion in support of this project and endlessly generous with their time.

When I accompanied Marianna Simnett and the *WINNER* team to Berlin's Olympiastadion where we watched Hertha BSC beat SC Paderborn 3:1, I understood another parallel between her works and football—the sheer viscerality of it. Seeing Marianna Simnett's pieces is a bodily experience. When I first encountered her sound and light installation *Faint with Light* (2016), I became acutely aware of how my quickening breath made my nervous system go into overdrive. I carried the haunting melodies and vocals of her flute opera *GORGON* (2023) with me, long after leaving the performance. Being in a stadium that is shaking and echoing with the roars and stomps of impassioned fans has a similarly

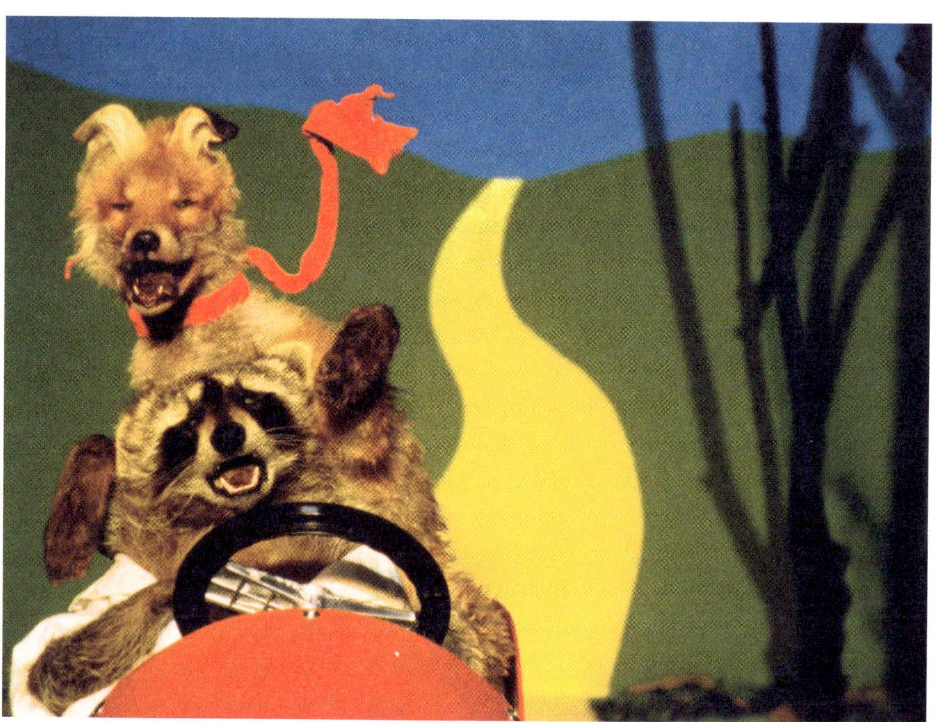

Marianna Simnett, *Prayers for Roadkill*, 2022, 16mm-Film übertragen auf Video / 16mm film transferred to video, 6:18 Min. (Loop), Filmstandbild / film still

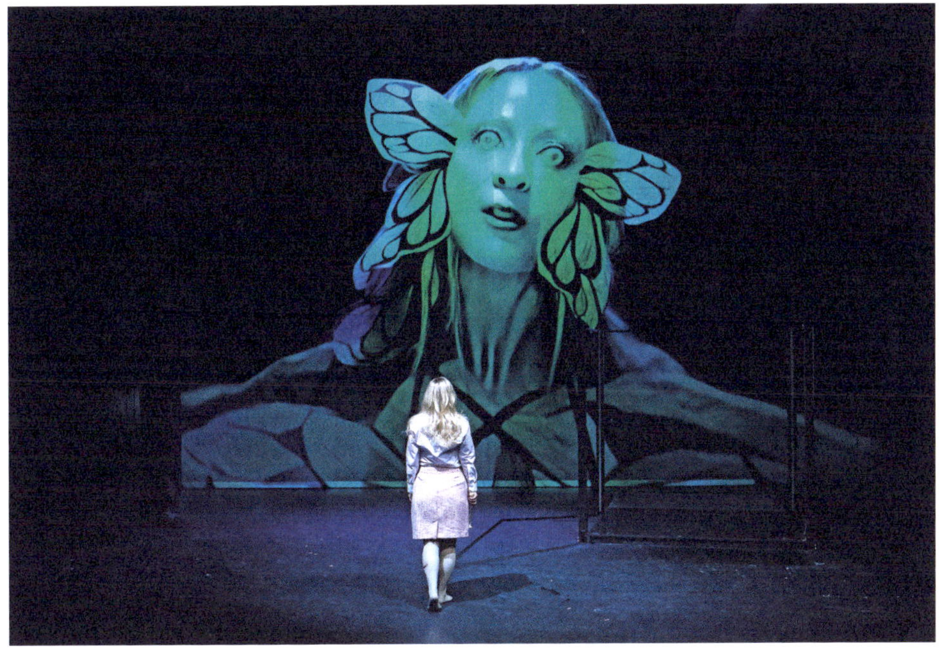

Marianna Simnett, *GORGON*, 2023, Flötenoper / flute-opera, 60 Min., in Auftrag gegeben von / commissioned by LAS Art Foundation

leidenschaftliche Viszeralität des Fußballs in den Ausstellungsraum zu transportieren. *WINNER* ist eine mehrdimensionale raumgreifende Videoinstallation, die das Konstrukt des Sports aufgreift und gleichzeitig destabilisiert. Die Ausstellung ringt mit der Macht des Fußballs, bricht diese auf und enthüllt die von ihr verursachten Wunden, den Schmerz und die grausame Schönheit eines Kinderspiels, das sich in ein hochbrisantes Match verwandelt. *WINNER* übersetzt die taktische Präzision des ‚schönen Spiels' in die Rigorosität des Tanzes, um schließlich diese Schönheit in Körperflüssigkeiten und Bier zu ertränken.

Die Handlung des in der Installation gezeigten Films basiert auf der Kurzgeschichte „Zerstörungswut" von Graham Greene aus dem Jahr 1954 und wird durch Tanz neu interpretiert. In Greenes „Zerstörungswut" zerstört eine Gruppe von Jungen das einzig verbliebene Haus in einer englischen Nachbarschaft, das nach den Bombenangriffen der deutschen Luftwaffe noch intakt ist. In *WINNER* erscheint die Gang in Form des ‚Cock Squad', einer Truppe aus nicht-binären, männlichen und weiblichen Tänzer*innen. Die Gruppe mutiert zwischen Hooligans und Fußballer*innen, die

affecting power. It seems impossible to feel how they feel without sharing their devotion, but it is intoxicating and intriguing regardless.

Marianna Simnett's work for Hamburger Bahnhof has successfully transported the impassioned viscerality of football into the exhibition space. *WINNER* is a multilayered film and spatial installation that echoes as well as destabilizes the construct of the sport. The show grapples with the power of football and pries it wide open to uncover the wounds it inflicts, its pain, and the eerie beauty of child's play morphing into high-stake games. *WINNER* transposes the 'beautiful game's' tactical precision into the meticulousness and rigor of dance and then obscures that beauty by drenching it in bodily fluids and beer.

The film's storyline is adapted from the 1954 short story "The Destructors" by Graham Greene and reinterpreted through dance. In Greene's "The Destructors," a gang of boys destroys the only remaining house in an English neighborhood after an attack of the German Luftwaffe. In *WINNER*, the gang is translated into The Cock Squad, played by a troupe of non-binary, male, and female dancers. The group morphs between hooligans and footballers, adorned with cockerel insignia: wattle pendants, feathers, head-jerking

Merkmale von Gockeln aufweisen – Kehllappenanhänger, Federn, ständiges Kopfnicken – und auf und abseits des Fußballplatzes Verwüstung stiften. Das Haus gehört der alten Schiedsrichterin Misery, deren Name direkt von Greene übernommen wurde. In Anspielung an ihren früheren Beruf, besteht es aus gelben und roten Karten. *WINNER* integriert ebenfalls die Figuren der Fußballkommentator*innen und Fans, welche hier in Gestalt eines Chors von Babys auftreten, dem die amerikanische Sängerin und Performerin Lydia Lunch ihre Stimme leiht. Die Abwesenheit eines Fußballs ist eklatant.

Im Mittelpunkt von *WINNER* steht die Faszination für Gewalt und Zerstörung, die von Misery und der rowdyhaften Bande des ‚Cock Squad' ausgeht. Eine Gewalt ohne Grund, aber nicht ohne Sinn. Der ‚Cock Squad' ist eine Konfrontation mit den größten Ausgrenzungsmechanismen des Fußballs. Fußball ist eines der wesentlichen kulturellen Produkte, die gleichzusetzen sind mit ‚den Jungs', und ein Grundpfeiler kultureller Männlichkeit in unserer Gesellschaft. Seine Bildsprache steht für Ideale und Fantasien heteronormativer Maskulinität. In Klaus Theweleits Buch *Männerphantasien*, welches Marianna Simnetts Herangehensweise an *WINNER* inspiriert hat, entwickelt der Autor eine psychoanalytische Untersuchung

mannerisms, who wreak havoc on and off the football pitch. The house, in *WINNER*, is owned by an old referee, Misery—her name taken directly from Greene—and in reference to her former career, is made out of red and yellow referee cards. *WINNER* also incorporates the figures of football commentators and fans, appearing here as a choir of babies voiced by the American singer and performer Lydia Lunch. And glaringly absent—a football.

At the core of *WINNER* is a fascination with violence and destruction, represented by the characters of Misery and the rowdy gang of The Cock Squad. A violence without cause, but not without reason.

The Cock Squad is a confrontation with football's main outer barriers. Football is one of the primary cultural products synonymous with 'the boys,' a core pillar of cultural maleness in our societies, and its imagery represents ideals and fantasies about heteronormative masculinity. In Klaus Theweleit's *Male Fantasies*, which has informed Marianna Simnett's approach to *WINNER*, he offers a psychoanalytic reading of the fantasies of the men of the German Freikorps.[3] Their construct of masculinity is governed by fear of femininity, represented by everything unpredictable and by extension ungovernable.[4] However, at its outer edge, the most ungovernable, and yet quintessentially male, element of

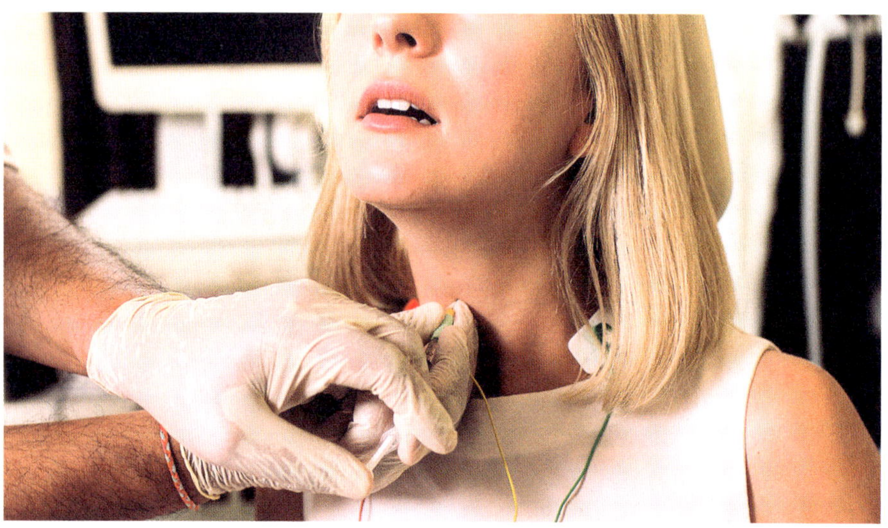

Marianna Simnett, *The Needle and the Larynx*, 2016, digitales HD-Video mit Surround-Sound / digital HD video with surround sound, 15:17 Min., Videostandbild / video still

der Fantasien der Männer in den deutschen Freikorps.[3] Das dort dominierende Konstrukt von Männlichkeit ist bestimmt von einer Angst vor allem Weiblichen, das für das Unvorhersehbare, und somit Unbeherrschbare steht.[4] Am äußeren Rand steht der Hooliganismus als unkontrollierbarste, jedoch zugleich stereotyp männliche Facette des Fußballs. Dem Hooligan-Klischee entsprechende Gebaren wie Schlägereien und Gegröle sind in den Aktionen des ‚Cock Squad' durchaus präsent: Kämpfe um Dominanz und Macht leiten ihre Bewegungen, werden im Tanz jedoch viel nuancierter. *WINNER* führt die Unbeherrschbarkeit ad absurdum. Während Bier verschüttet wird und der ‚Cock Squad' blutet, spuckt, Hemden durchschwitzt und auf Misery's Haus uriniert, weint und sabbert der Chor der Babys. Theweleit erklärt, dass Flüssigkeiten in ihrer Wandelbarkeit und damit Unberechenbarkeit zu Zeichen von Weiblichkeit werden. Das Flüssige, das Sumpfige, das Breiige wird mit weiblich kodierter Arbeit wie Kochen, Waschen und Säuglingspflege assoziiert.[5] Im Vergleich mit sabbernden Babys wird die ständig Flüssigkeiten absondernde Gruppe des ‚Cock Squad' infantilisiert und verweichlicht. Ihr widerspenstiges Verhalten ähnelt eher der Sehnsucht nach Zugehörigkeit als einem Kampf, in dem nur die Härtesten gewinnen. Selbst die gewaltsame Zerstörung des Kartenhauses von Misery wirkt rührend, oder sogar schön. In Greenes „Zerstörungswut" wird sie als Akt beschrieben, der „mit schöpferischem Ernst" betrieben wird, denn „letzten Endes ist auch die Zerstörung eine Art Schöpfung".[6] *WINNER* spiegelt diese Ernsthaftigkeit. Die Zerstörung des Hauses durch den ‚Cock Squad' ist derart akribisch und detailliert, dass daraus Sinn eher geschaffen als vernichtet wird. Was der ‚Cock Squad' in Miserys Haus vorfindet, bevor er es auseinandernimmt, repräsentiert eine andere Seite des Unbeherrschbaren – eine eher intime und verborgene Art der Gewalt ohne Zeug*innen. Obwohl sie ihren früheren Job hinter sich gelassen hat, ist Misery durch den extremen Erwartungsdruck von wütenden Spieler*innen und schreienden Massen gezeichnet.

football is hooliganism. Stereotypical acts of hooliganism like fighting and shouting do have a presence in the antics of The Cock Squad: struggles for dominance and power guide their movements, but they have become much more nuanced through dance. *WINNER* draws ungovernability to absurd ends. While beer is being spilled and The Cock Squad bleeds, spits, sweats through shirts, and urinates on Misery's house, the choir of baby commentators cries and dribbles. Theweleit argues that fluids, in their changeability, and therefore unpredictability, become representative of femininity. The liquid, the swampy, the mushy, are associated with female-coded labor like cooking, washing, and taking care of babies.[5] By inviting comparisons between The Cock Squad's constant oozing, and the mushiness of drooling babies, they are infantilized and softened and their unruly behavior looks more like a longing for a place in the world than a battle where only the toughest group members survive. Even their violent destruction of Misery's house of cards becomes touching or even beautiful when viewed through Marianna Simnett's lens. In Greene's "The Destructors," this act is described as work undertaken "with the seriousness of creators—and destruction after all is a form of creation."[6] *WINNER* mirrors this seriousness, the destruction The Cock Squad inflicts upon Misery's house is so meticulous and detailed that it gives meaning rather than destroying it. What The Cock Squad finds inside Misery's house before taking it apart represents a different side of the ungovernable—a more private and hidden type of violence without

3 Klaus Theweleit, *Männerphantasien* [1977], Berlin: Matthes & Seitz, 2019.
4 Ebd.
5 Ebda., S. 502.
6 Graham Greene, „Zerstörungswut" in: Ders., *Kleines Herz in Not: Acht Erzählungen*, Reinbek b. Hamburg: Rowohlt, 1963, S. 121–141, hier: S. 131.

---

3 Klaus Theweleit, *Male Fantasies*, vol. 1, Theory and History of Literature 22, Minneapolis: University of Minnesota Press, 1987.
4 Ibid.
5 Ibid., p. 409.
6 Graham Greene, *The Destructors* [1954], Minnesota: Grantham, 1990, p. 8.

Sie ist zu einer Einzelgängerin geworden, die sich nur mit den physischen Überresten ihrer Karriere umgibt: Trophäen, Wettscheine und Fußball-Memorabilien haben ihren häuslichen Lebensraum besetzt. Ihr Haus kann kaum all das fassen, was sie hortet, und die sich ansammelnden Schätze bezeugen die Ähnlichkeit von Hortenden mit Künstler*innen, deren Identität eine Funktion des (zusammengesetzten) Artefakts ist, das sie produzieren.[7] Sie führt eine akribische Ordnung nach einer bestimmten Logik, die nur sie verstehen kann.

Der ‚Cock Squad' in verschmierten und dennoch geisterhaft weißen Fußballtrikots erscheint auf dem Spielfeld rund um ihr Haus und spielt die berüchtigtsten Fouls des Fußballs nach. In der Choreografie von Ben Duke lassen die Tänzer*innen ikonische Momente wieder aufleben, in denen schnelle Entscheidungen, Brutalität und Gewalt im Fußball Weltgeschichte geschrieben und nicht nur treue Fans, sondern auch unser gemeinsames kulturelles Bewusstsein erreicht haben. Der Kopfstoß von Zinedine Zidane gegen Marco Materazzi im WM-Finale 2006, die ‚Hand Gottes' von Diego Maradona im Viertelfinalspiel Argentinien gegen England bei der WM 1986 oder der Tritt von David Beckham gegen Diego Simeone im WM-Spiel England gegen Argentinien 1998 rufen kollektive Erinnerungen wach, die so legendär geworden sind, dass sie in Raum und Zeit zu schweben scheinen und eine fast transzendentale Qualität besitzen. Marianna Simnetts Interpretation bedient sich dieser Spiritualität, in *WINNER* gleiten die Tänzer*innen durch die Luft, ihre Bewegungen werden fließend, Slow-Motion-Aufnahmen lassen sogar Blutspucken ätherisch erscheinen. Durch jene Verwandlung sind diese berühmt gewordenen brutalen Szenen nicht mehr nur brutal. Sie verwandeln sich in etwas Schönes. Die Liebe, die Leidenschaft und die Hingabe zum Spiel, die der Grausamkeit der Fouls im echten Leben zugrunde liegen, werden durch den Film greifbar.

Neben den berühmt-berüchtigten Momenten, die auch Laien berührt haben, interpretiert *WINNER* auch die eher nischenartigen Fußballmotive neu. Der Film bezieht sich auf

witnesses. Even though she has left behind her former job, the weight of the external pressure of angry players and shouting masses has marked Misery. She has become a recluse, keeping the physical remains of her career as her only company: trophies, betting slips, and football memorabilia have taken over her domestic sphere. Her house can barely hold everything she is hoarding so that her mounting treasures bear witness to how "the hoarder resembles an artist or an artisan whose identity as such is a function of the (composite) artifact [s]he produces."[7] She keeps a meticulous order according to a logic only she can understand to the way in which everything is arranged.

The Cock Squad clad in ghostly white, muddied football kits appears on the pitch surrounding her house, and reenacts football's most notorious fouls. Choreographed by Ben Duke, the dancers revive iconic moments where snap decisions and instances of brutality and violence in football have made world history, reaching beyond the sport's usual faithful audience into our shared cultural consciousness. Zinedine Zidane headbutting Marco Materazzi in the 2006 World Cup final, Diego Maradona's 'hand of god' during the Argentina vs. England quarter finals match of the 1986 World Cup or David Beckham kicking out at Diego Simeone in the England vs. Argentina World Cup match in 1998, for example, conjure up collective memories that have become so iconic they seem to be suspended in time and space, gaining an almost transcendental quality. Marianna Simnett's interpretation leans into this spirituality, in *WINNER*, the dancers soar through the air, their movements become fluid, slow motion footage even makes spitting blood appear ethereal. Through this transformation, these famous violent moments are no longer purely violent, as brutal as they are, they have become beautiful to watch. The love, passion, and devotion to the game that are at the root of the ferocity that has propelled these fouls in real life become palpable in the film.

As well as the infamous moments that have reached even the non-football fanatics, *WINNER* reinterprets the more niche football cues in referencing the body and visual language familiar to those immersed in the culture: a male player

die Körper- und Bildsprache, die denjenigen vertraut ist, die in der Fußballkultur verwurzelt sind: ein männlicher Spieler, der der Welt die Schwangerschaft seiner Partnerin verkündet, indem er den Ball unter sein Hemd steckt, um einen Babybauch zu simulieren, während er an seinem Daumen lutscht, oder das Überkopf-ziehen des eigenen Trikots im Siegesrausch nach einem Tor. Durch Bewegung, Lieder und Gesänge entschlüsselt und verschlüsselt *WINNER* die Sprache des Fußballs. Dabei führt uns der Film immer wieder zur Hingabe und Macht, Melancholie und Übermut in Sieg und Niederlage, und manchmal geht es einfach um die Liebe zum Spiel.

Durch die gemeinsame Zeit mit Marianna Simnett während der Vorbereitungen für *WINNER* ist der Fußball erneut zu einer erobernden Kraft in meinem Leben geworden. Zu meinem Erstaunen war diese Wiederbegegnung – trotz der, wie ich vermute, ewigen Unergründlichkeit mancher Reize des Fußballs – genau so, wie sich das Werk für mich anfühlt: eine liebevolle Konfrontation. Am Set des *WINNER*-Stadions, beobachtete ich die absurde Schönheit des Fußballs darin, wie die Tänzer*innen mit offenen Wunden und durch ihre Zähne rinnendem Blut über den Rasen flogen; die leeren Tribünenplätze, die auf eine Welle brüllender Fans warteten, wirkten seltsam melancholisch; in der Umkleidekabine erschienen die Kostüme und Werkzeuge des ‚Cock Squad‘ als bezaubernde Propheten *WINNER*s verführerischer Erzählungen von Triumph und Niederlage. *WINNER* im Hamburger Bahnhof verweigert die Deutungshoheit über die Eigenkultur des Fußballs und seinen Platz in unserer Kultur und verwandelt den Museumsraum in ein Spielfeld von Schönheit und Leidenschaft, die untrennbar mit Brutalität verbunden sind.

announcing his female partner's pregnancy to the world by putting the ball under his shirt to simulate a baby bump while sucking on his thumb, or the act of pulling a jersey over one's head in victorious glee after scoring a goal. Through movement, songs, and chants, the work decodes and encodes football's language, always leading us back to power and devotion, the melancholy and elation in winning and losing, and sometimes, simply, to love.

Through taking part in Marianna Simnett's journey in the lead up to *WINNER*, football has once more become a conquering power in my life. To my astonishment, this renewed encounter has been—despite what I suspect will be an eternal unknowability of some of football's enticement—exactly how the work feels to me: a confrontation marked by love. Standing on the *WINNER* stadium set, I found myself seeing football's absurd beauty in the way the dancers flew over the grass with open wounds and blood running through their teeth; the empty tribune seats waiting for a wave of roaring fans looked strangely melancholic; in the locker room, The Cock Squad's costumes and tools appeared as beguiling symbols forecasting *WINNER*'s alluring stories of triumph and defeat. *WINNER* at Hamburger Bahnhof transcends value judgement of football's internal culture as well as its place within culture, and transforms the museum space into a playing field of beauty and passion that are inexorably linked to their ferocity.

---

7 Rebecca R. Falkoff, *Possessed: A Cultural History of Hoarding*, Ithaca London: Cornell University Press, 2021, S. 6.

---

7 Rebecca R. Falkoff, *Possessed: A Cultural History of Hoarding*, Ithaca London: Cornell University Press, 2021, p. 6.

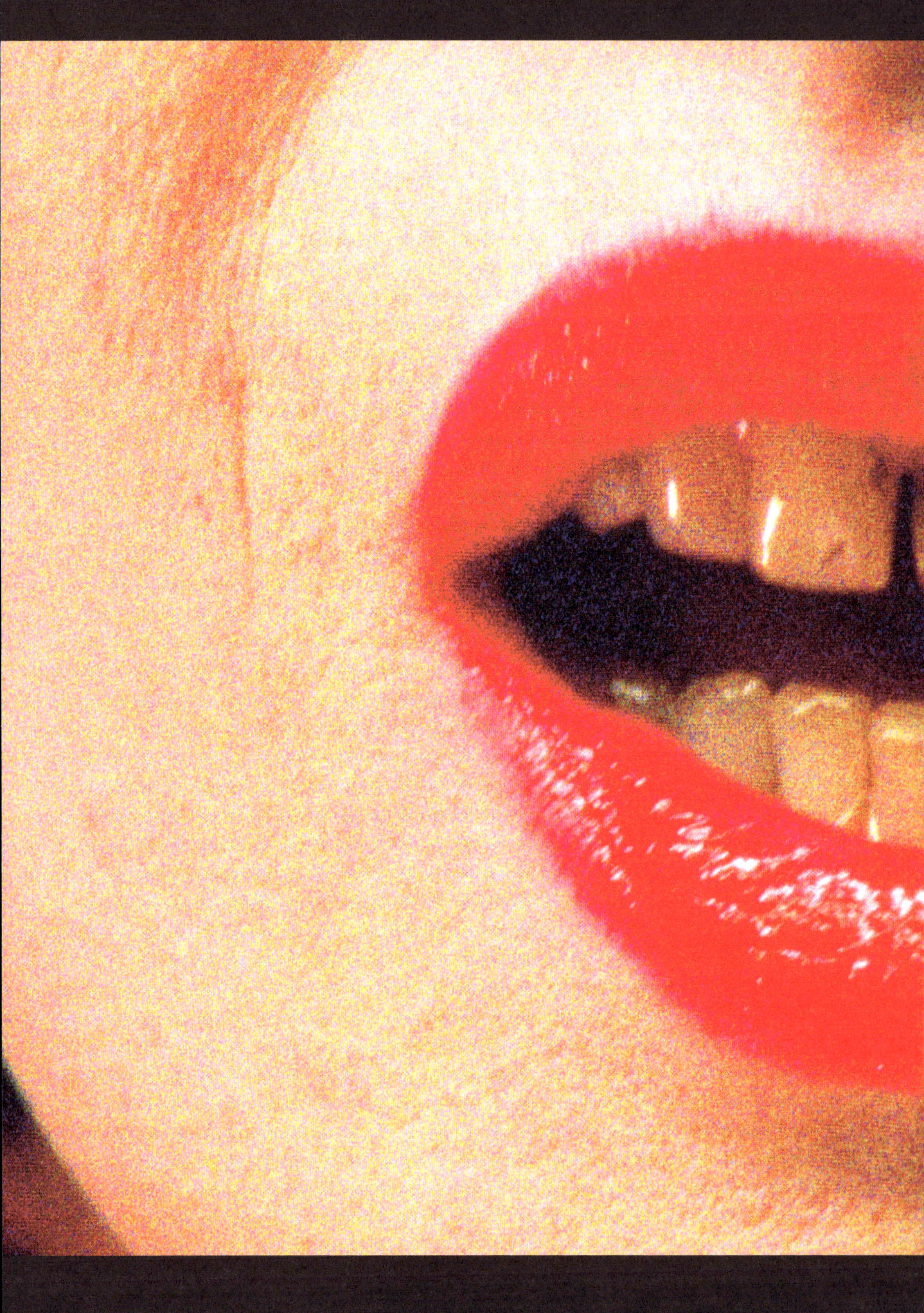

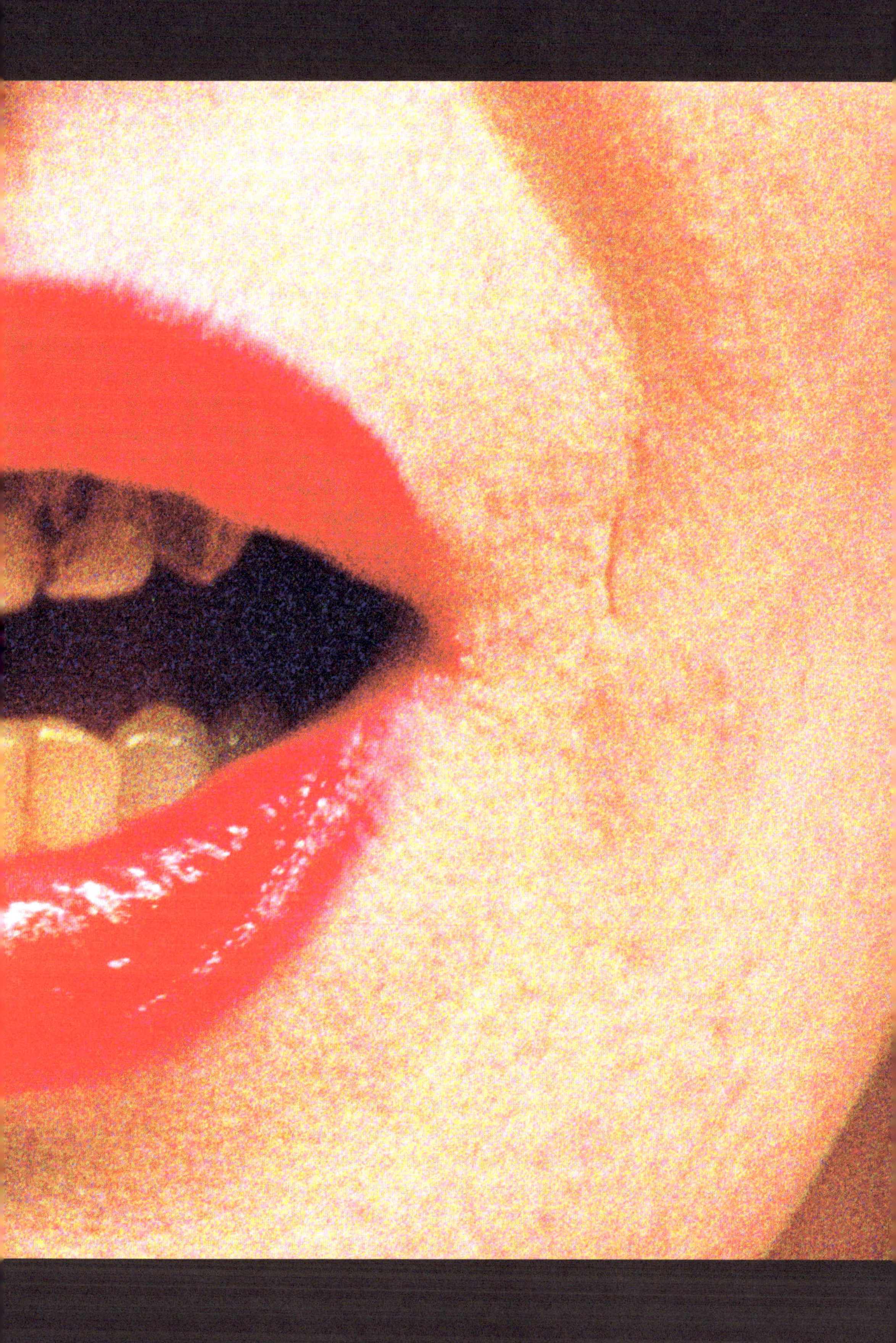

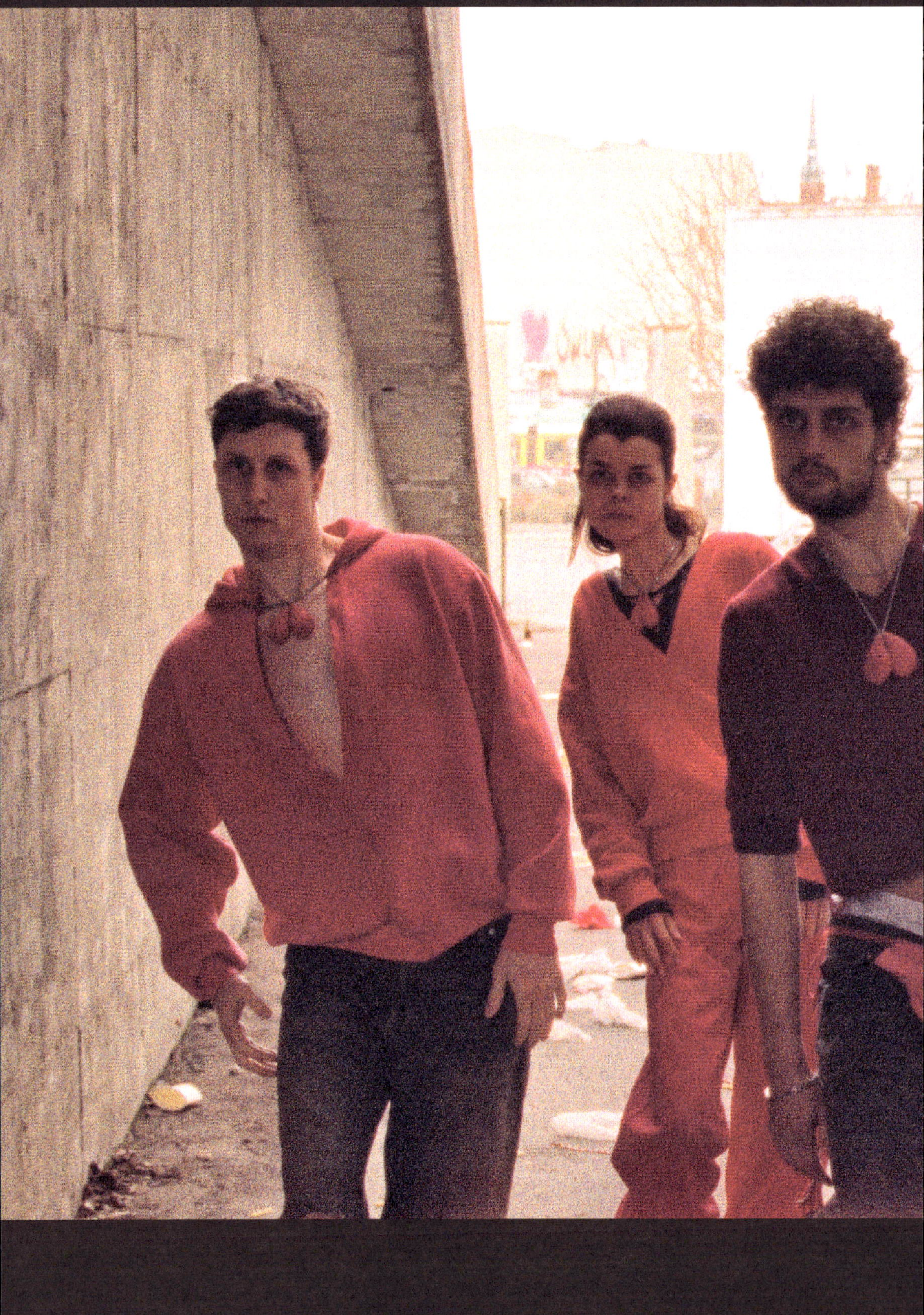

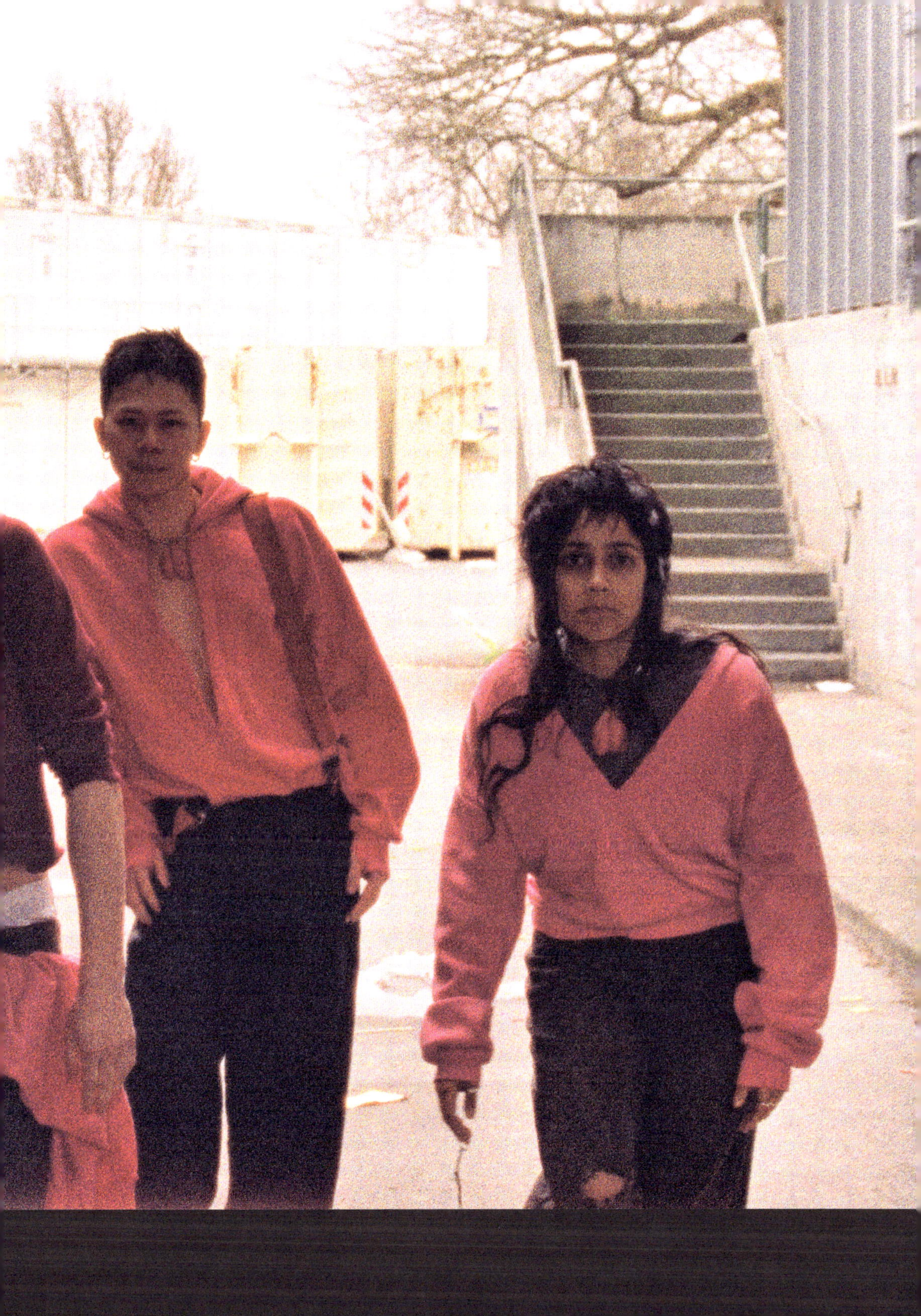

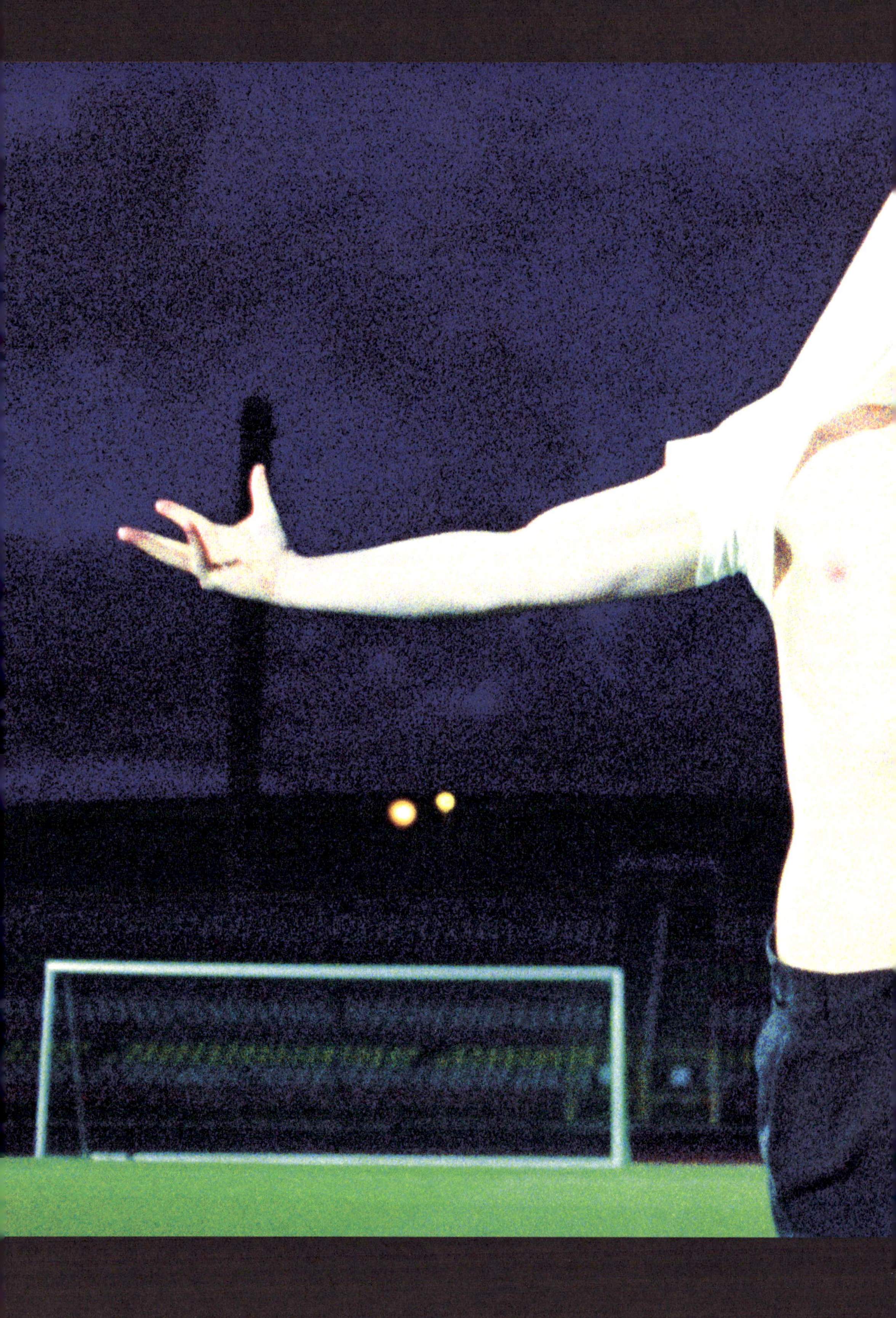

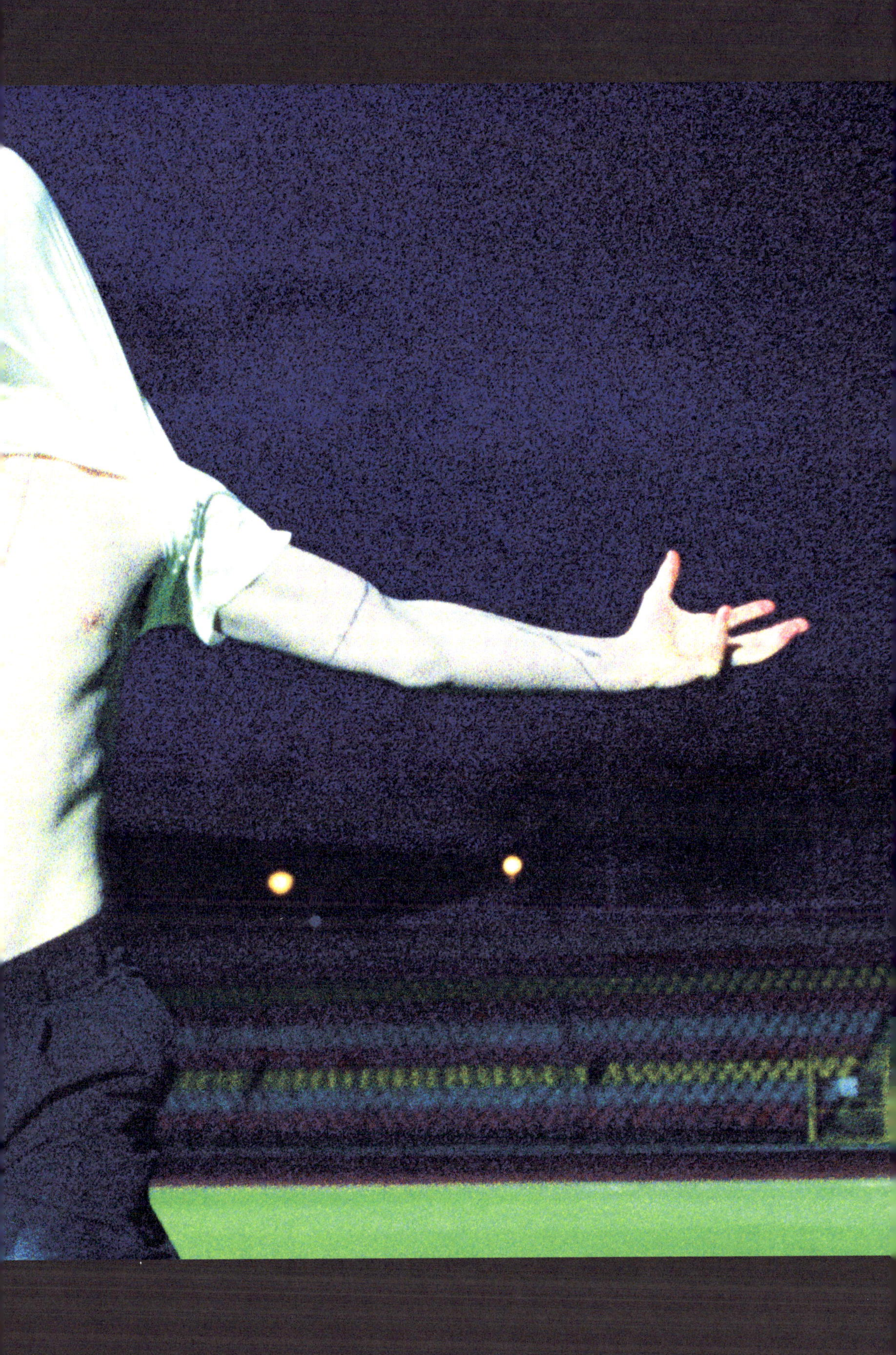

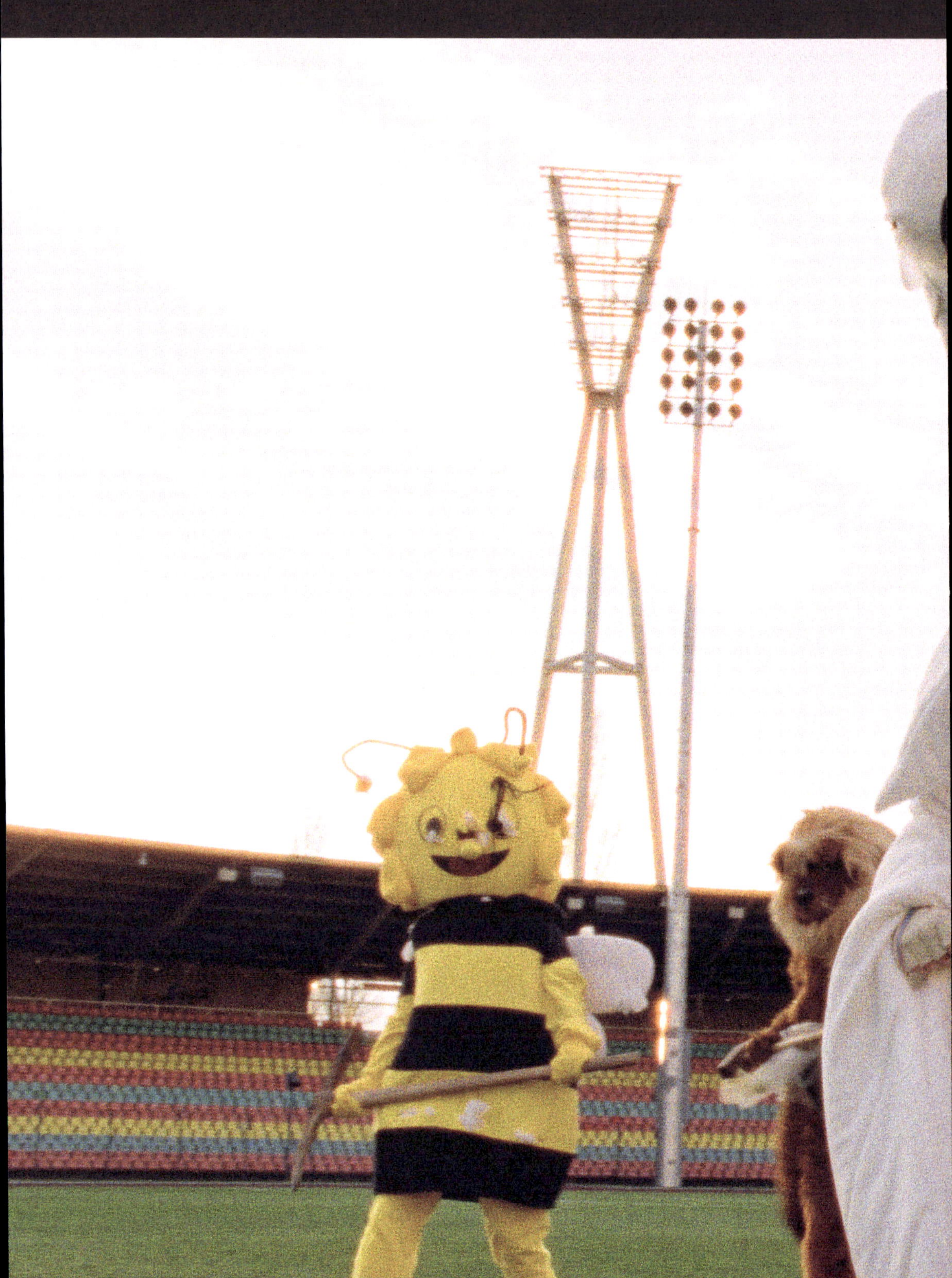

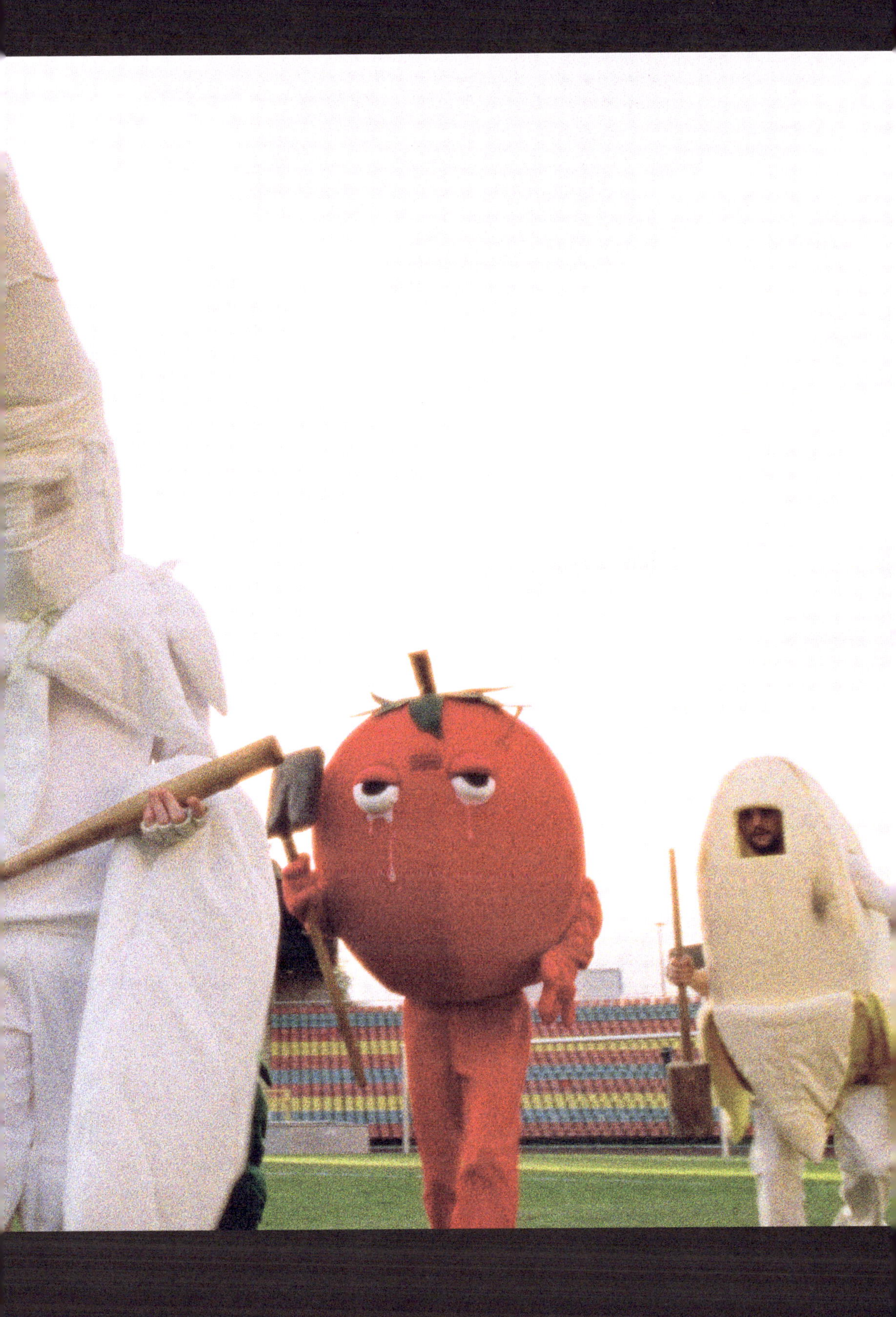

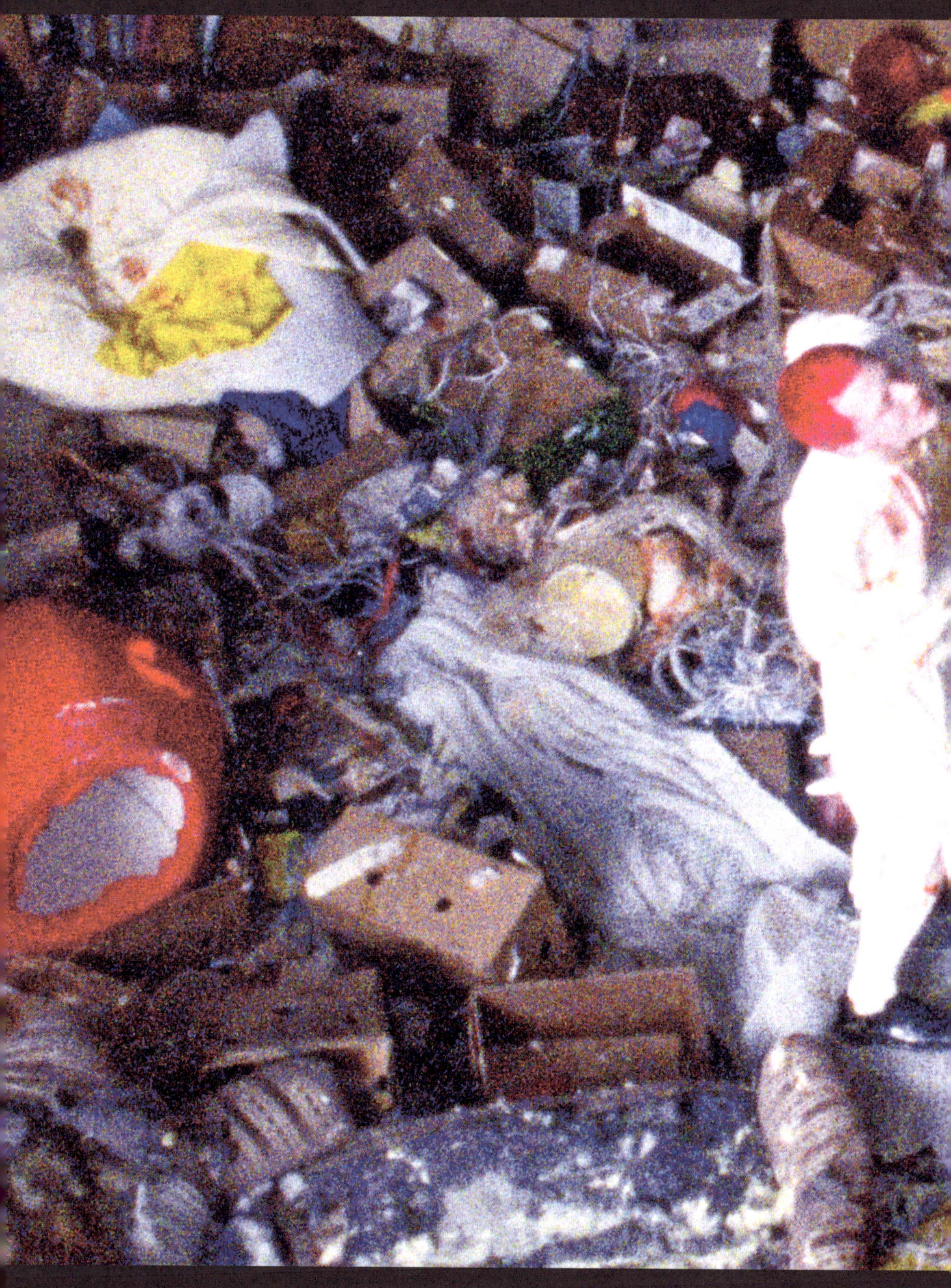

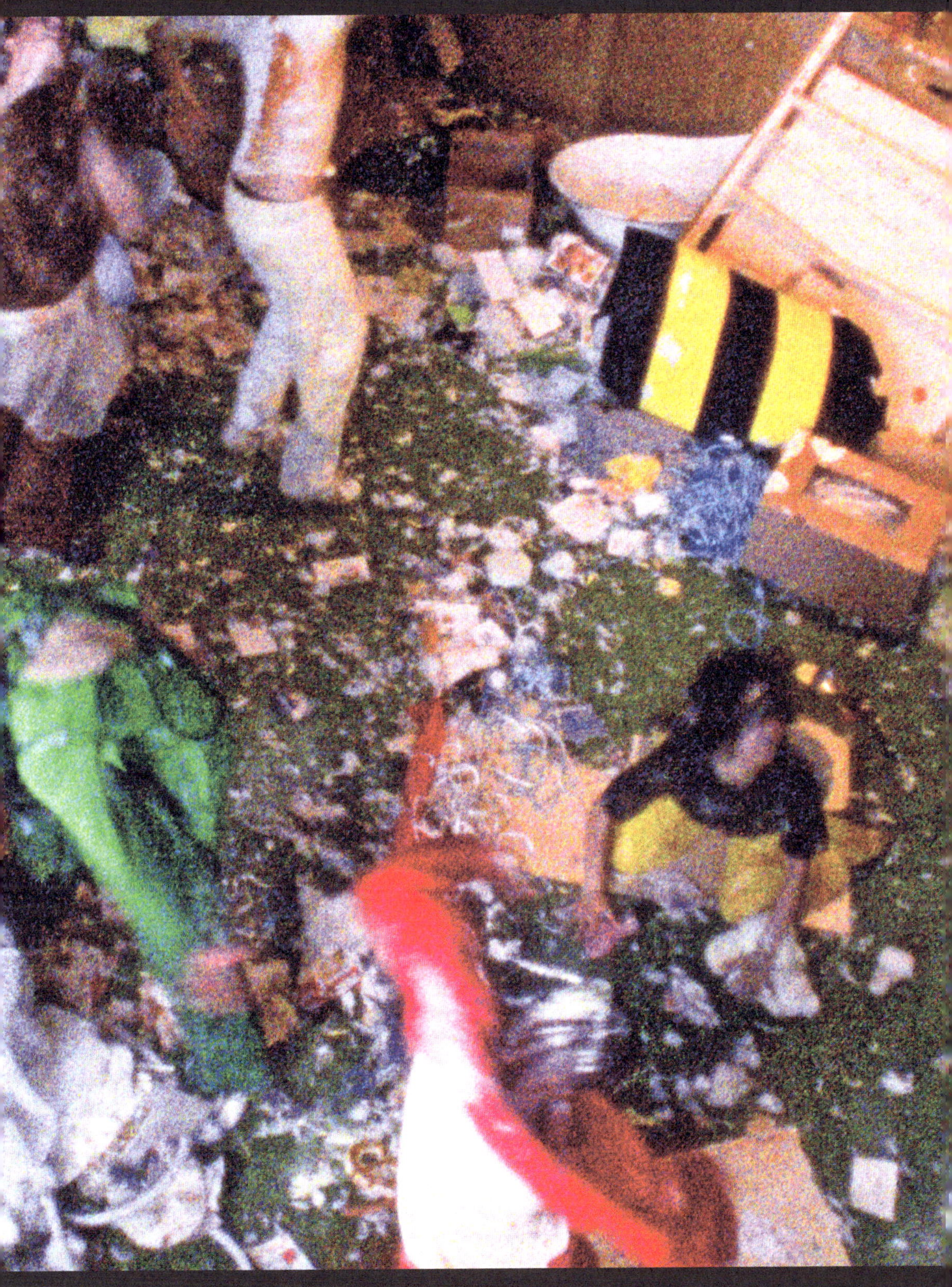

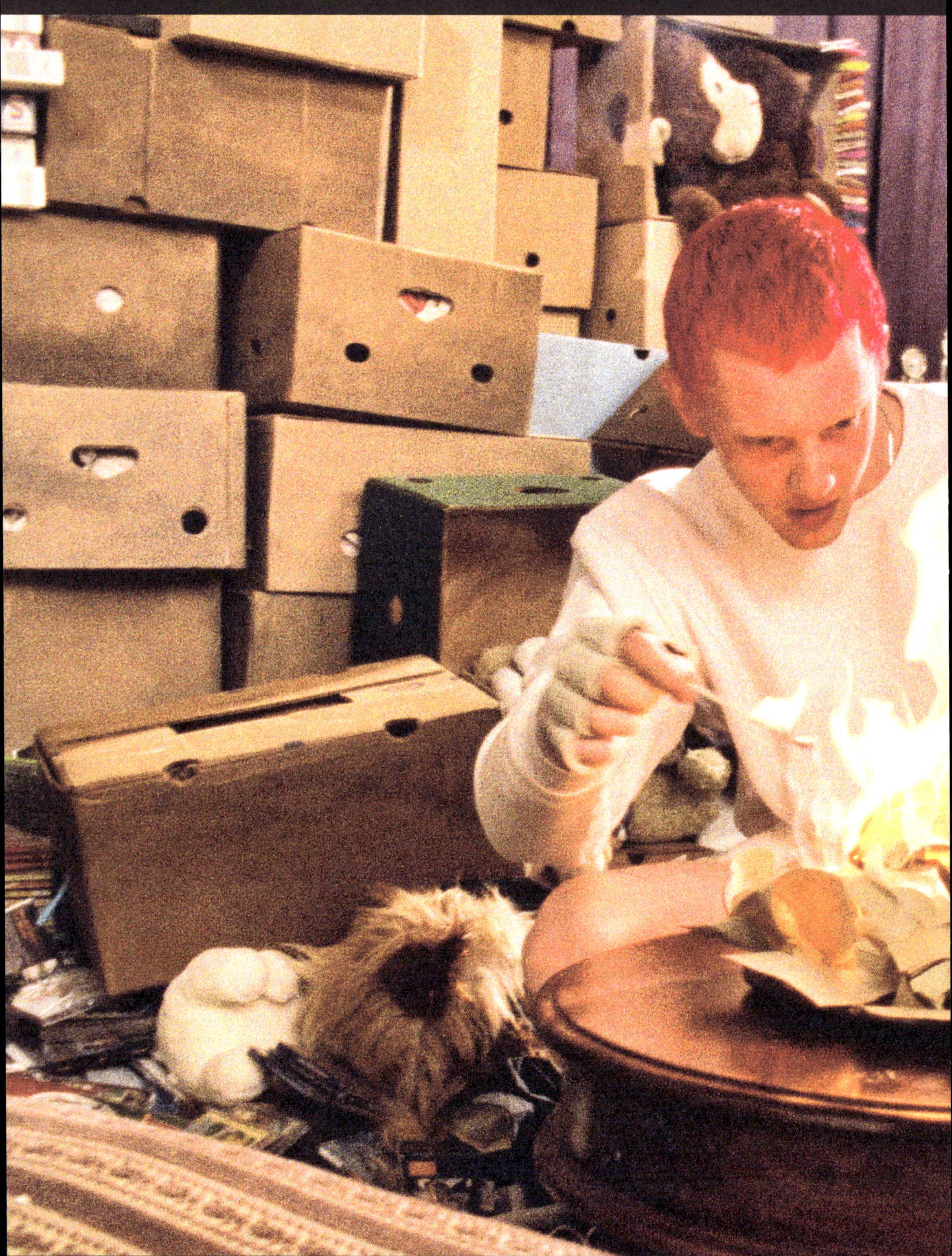

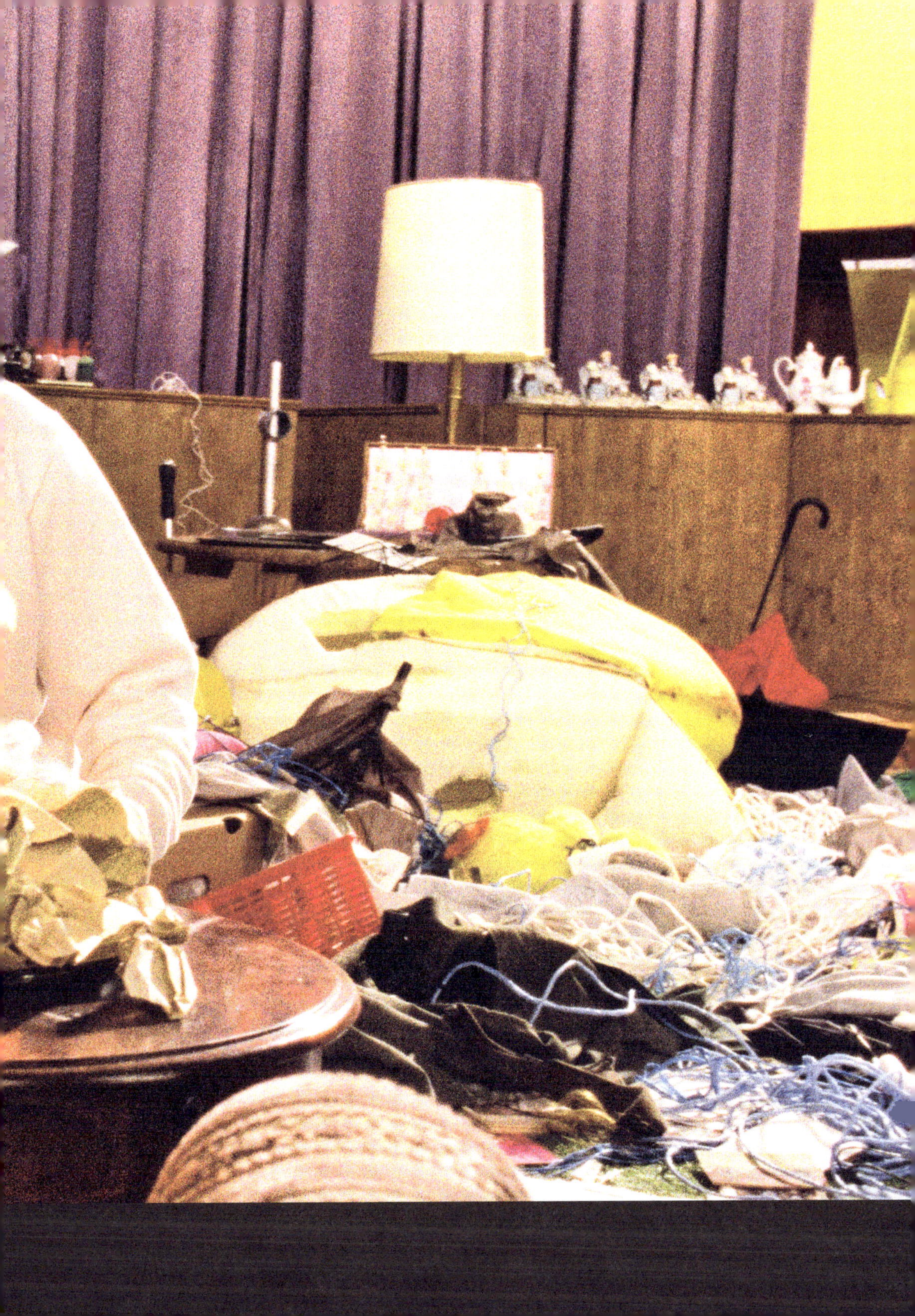

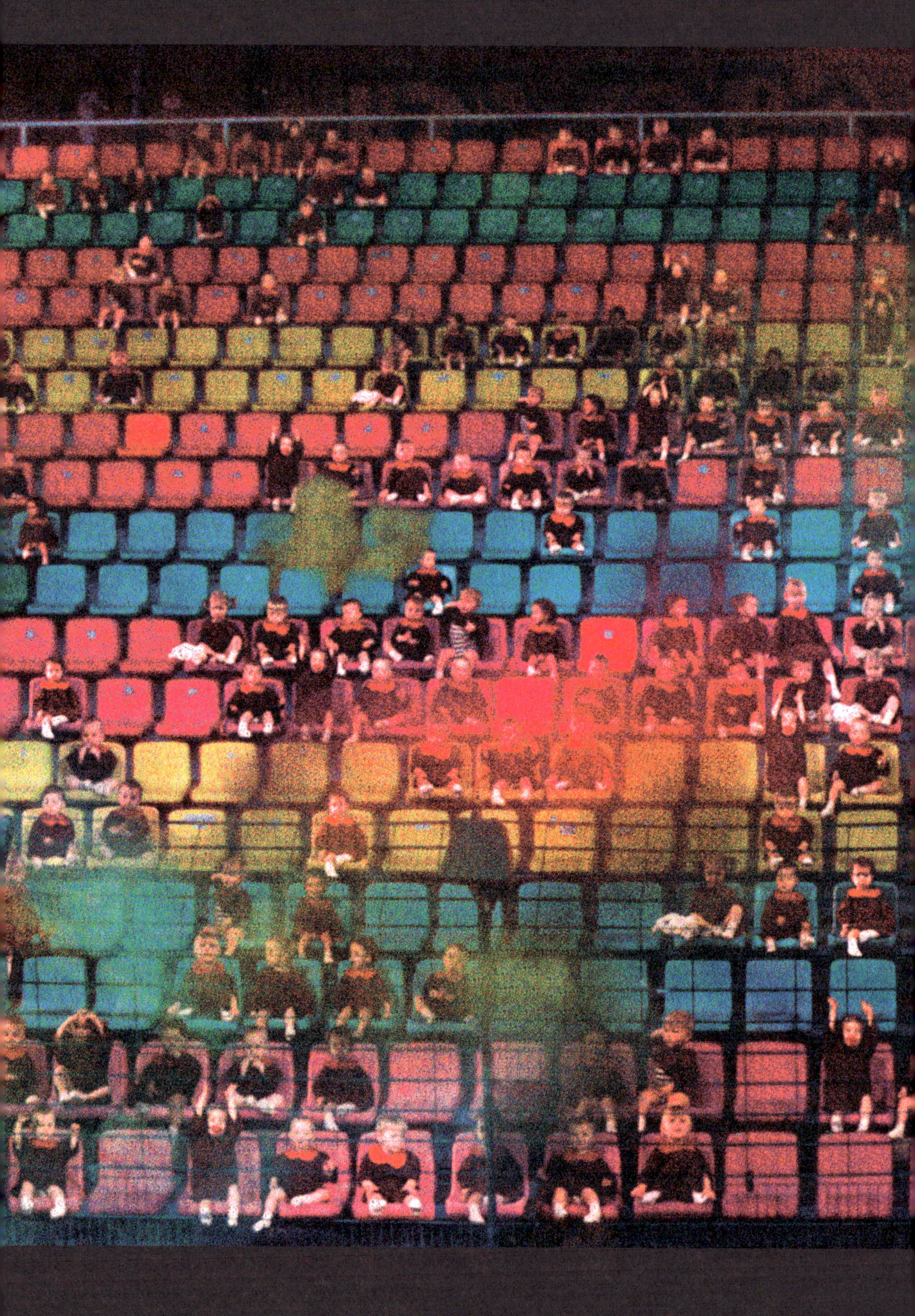

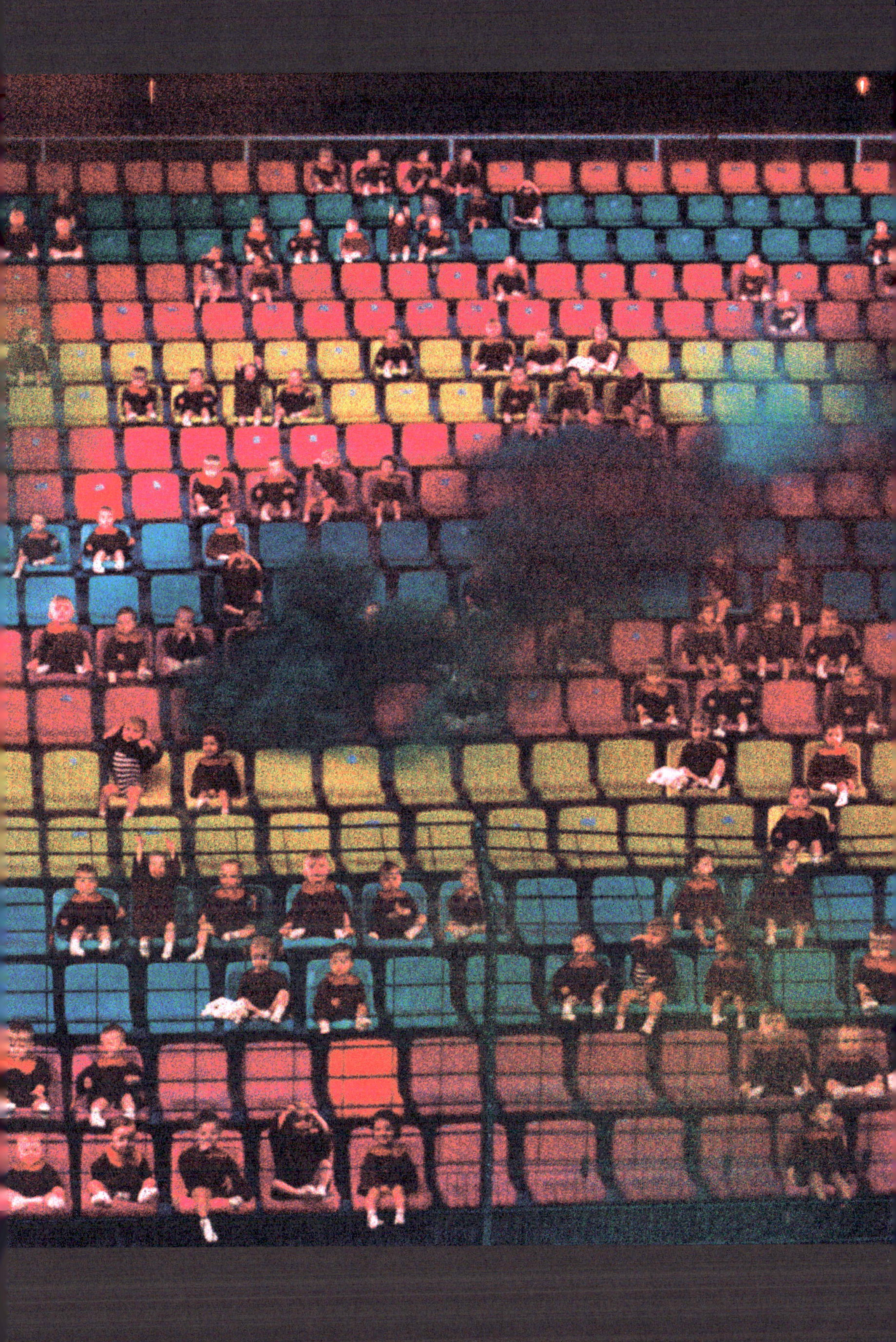

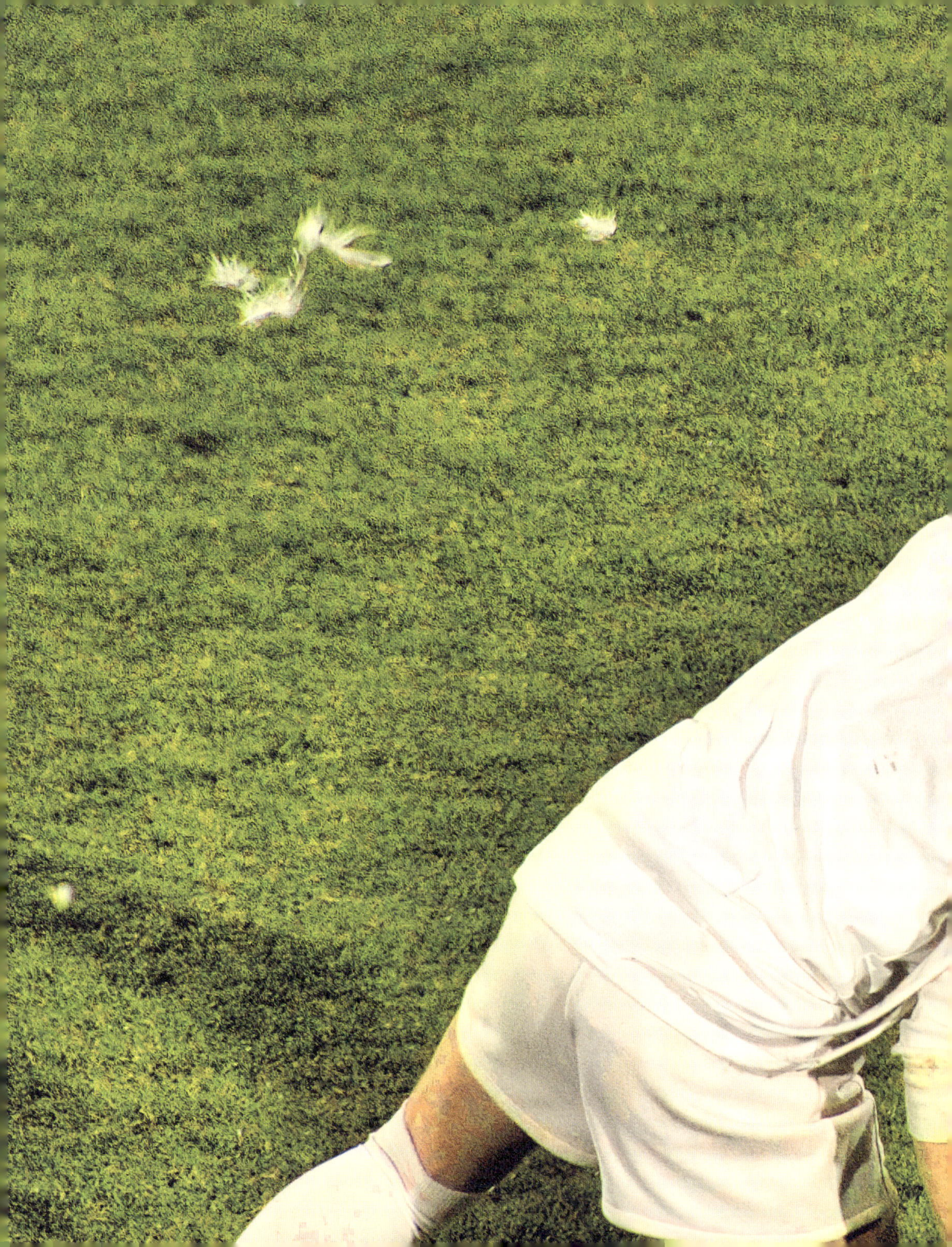

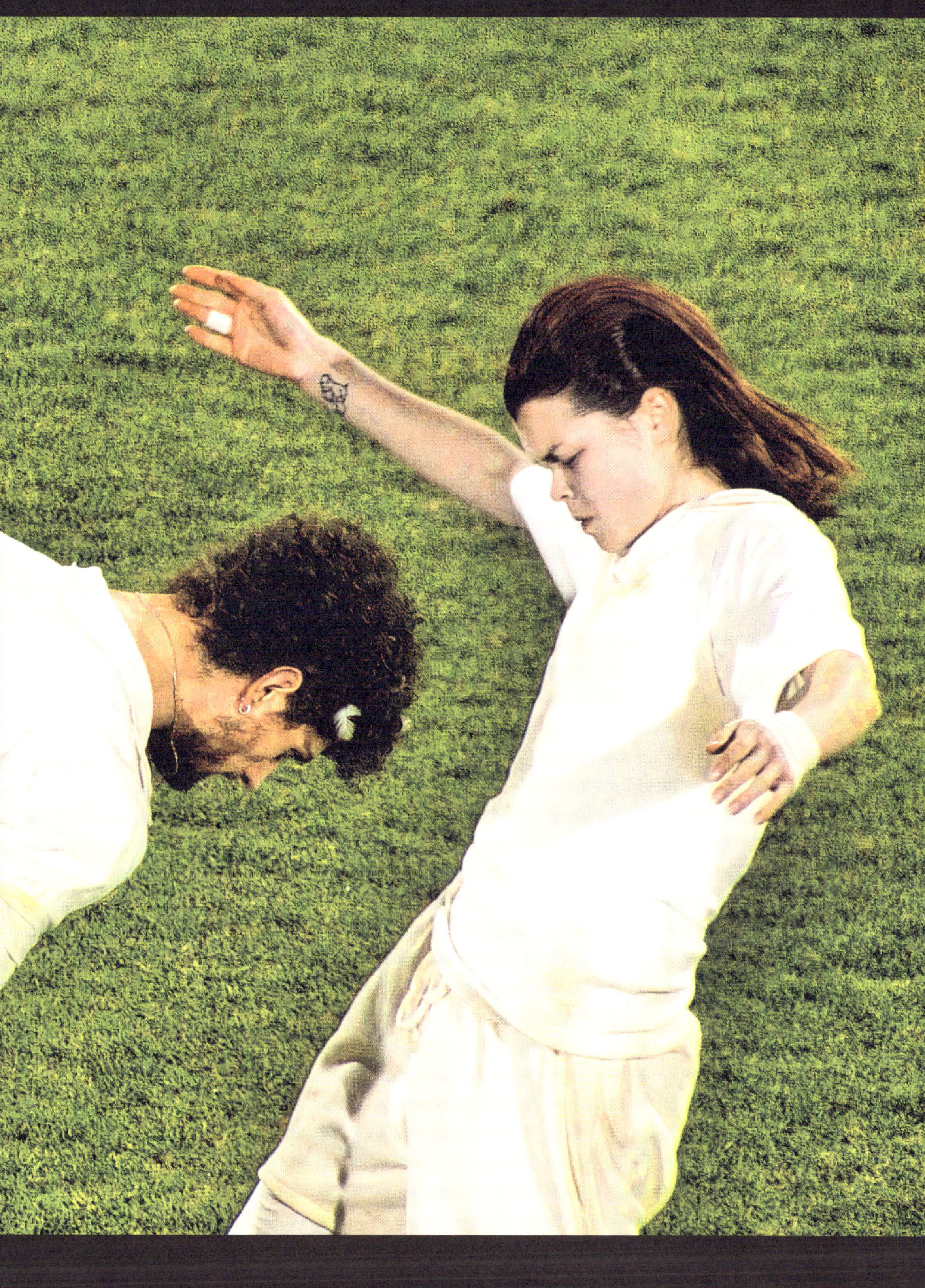

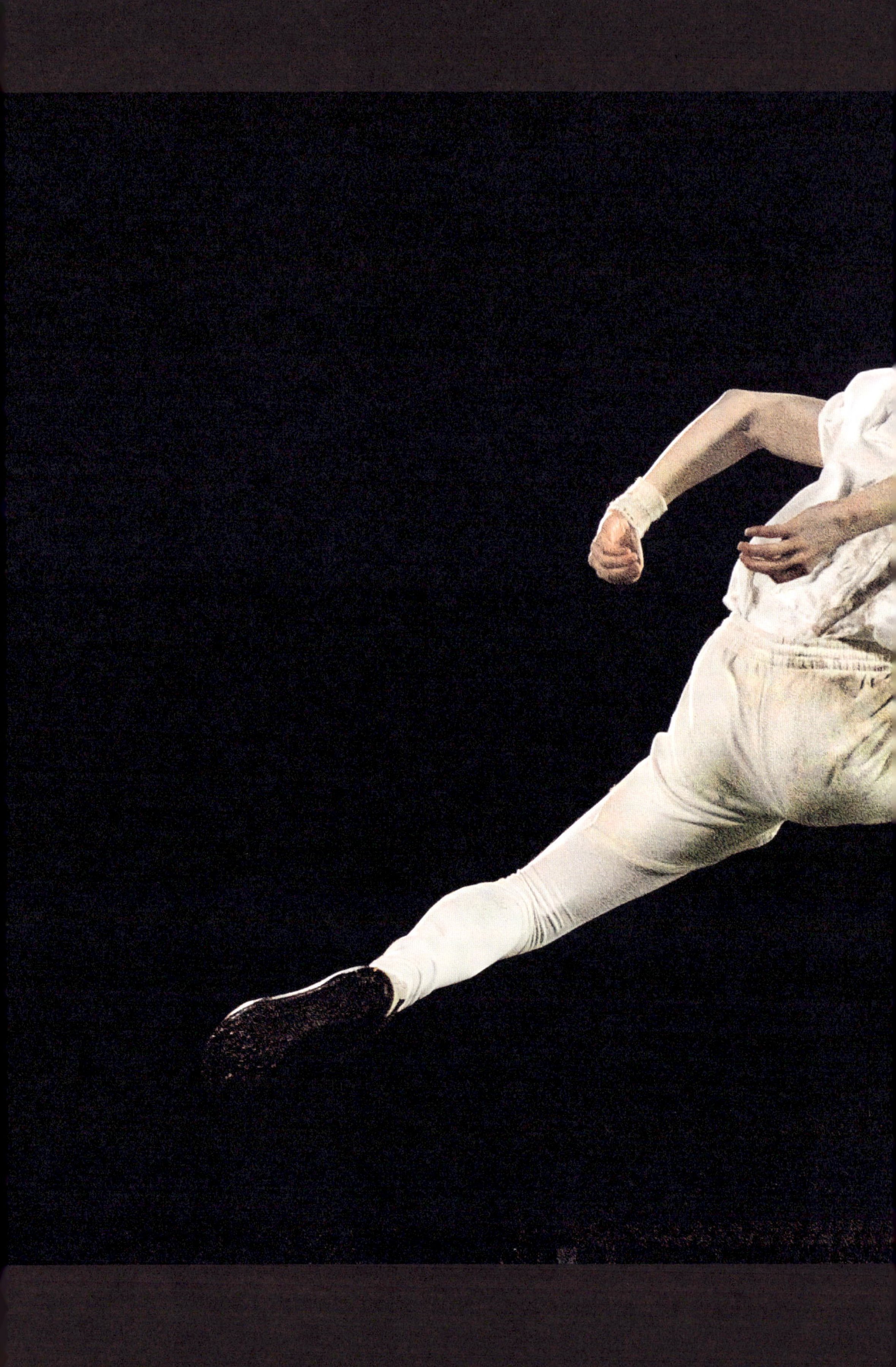

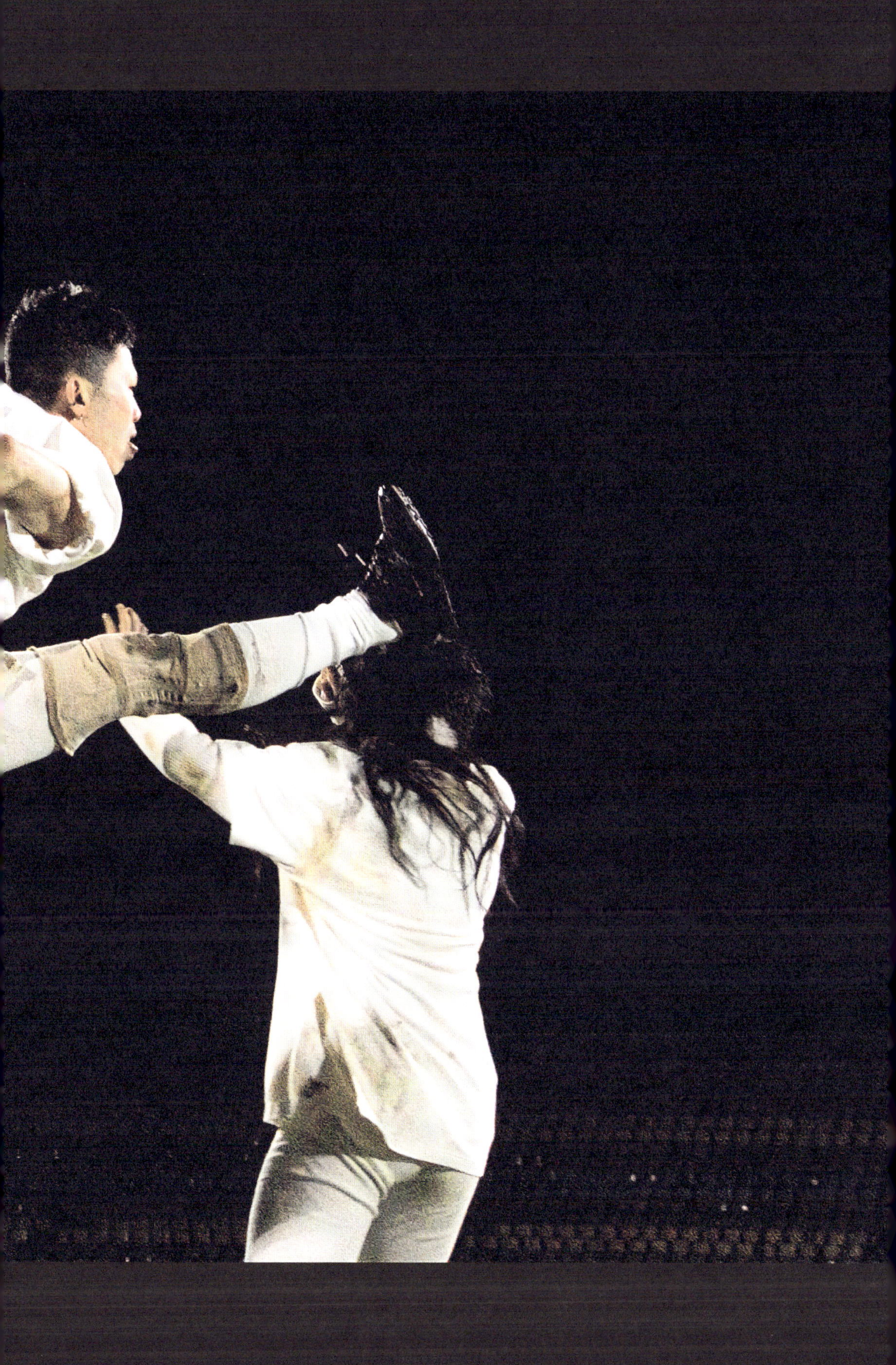

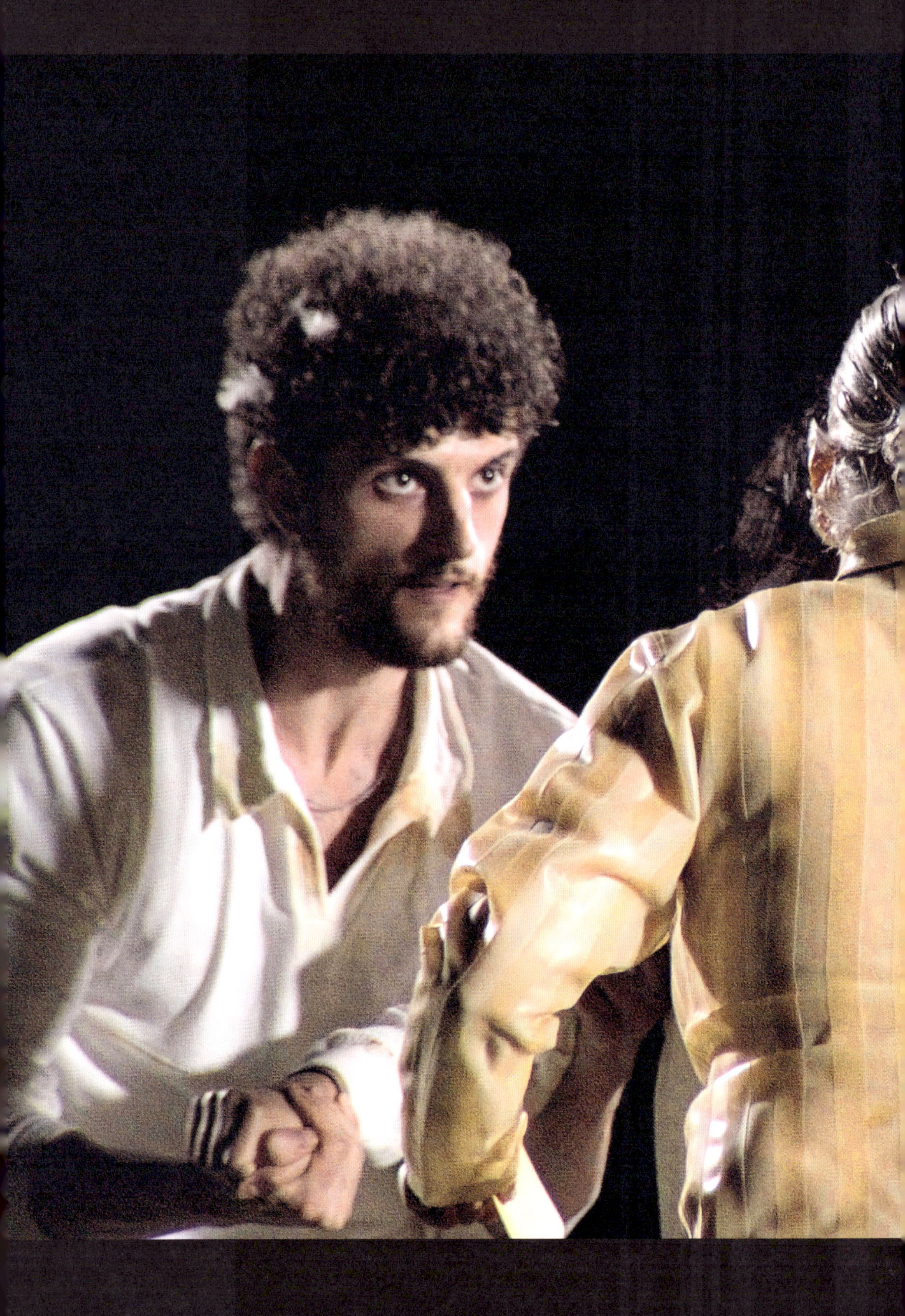

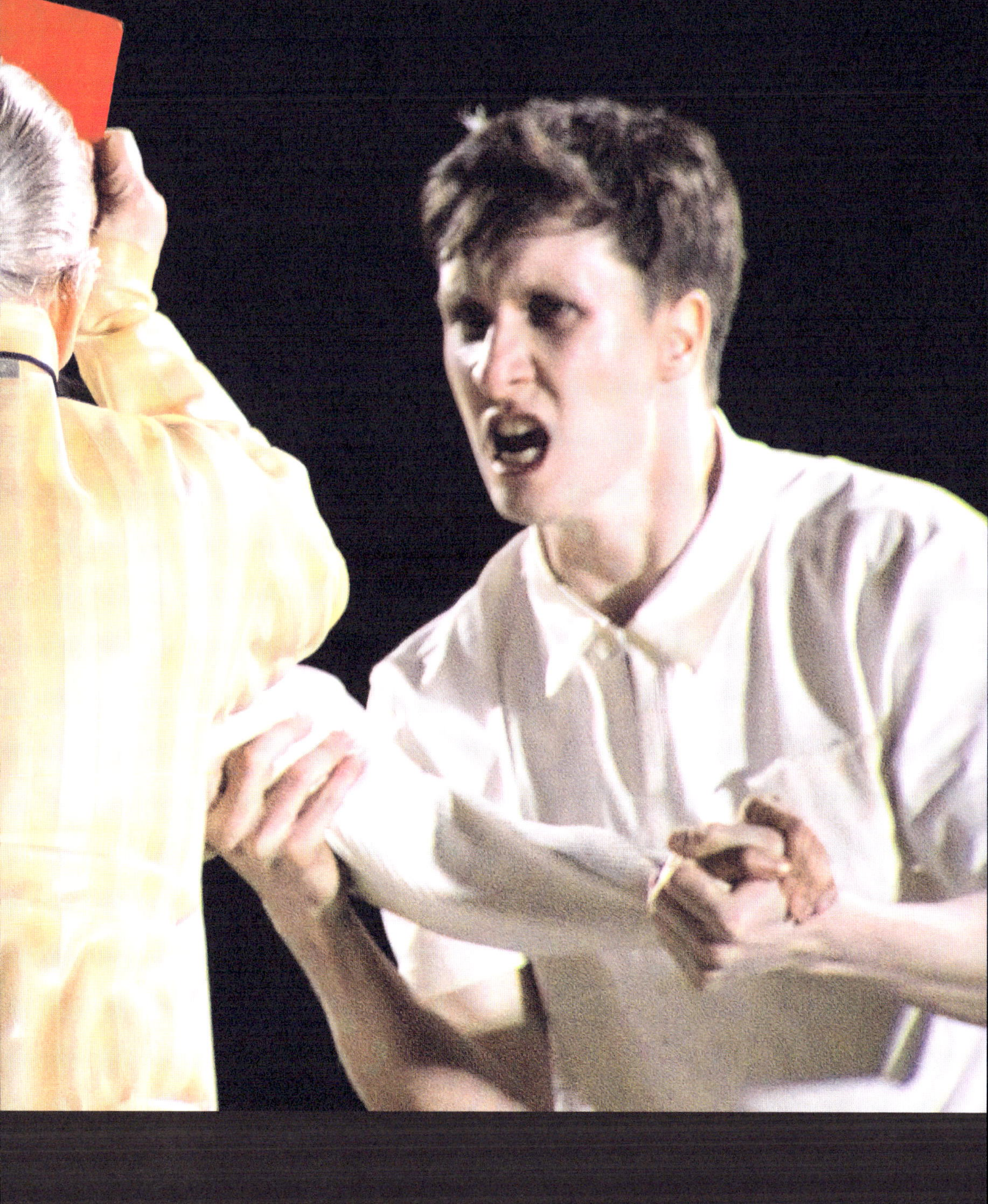

Stellung beziehen / Taking Sides

Eine Unterhaltung / A Conversation:
Sam Bardaouil mit / with
Marianna Simnett

Sam Bardaouil: Viele Kreative – Künstler*innen, Schriftsteller*innen, Filmemacher*innen, Tänzer*innen usw. – erleben jenen Moment, in dem ihnen klar wird, dass ihre Tätigkeit nicht einfach nur etwas ist, was ihnen nebenbei Freude bereitet, sondern dass sie ihr Leben ausmacht, ein zentraler Bestandteil dessen ist, wer sie sind. In vielen Fällen erfahren sie dies als eine Art plötzliches Erwachen, bei dem ihnen schlagartig bewusst wird, dass sie Künstler*innen sind. Wie und wann ist dir das widerfahren? War es ein Prozess oder ein bestimmter Augenblick?

Marianna Simnett: Ich glaube, bei mir hat das sehr, sehr früh stattgefunden, noch früher als ich mich erinnern kann. Es fällt mir schwer, das auf einen genauen Zeitpunkt einzuschränken, aber ich erinnere mich, dass ich im Alter von drei oder vier Jahren gezeichnet und die

Sam Bardaouil: For a lot of creatives—visual artists, writers, filmmakers, dancers etc.—there is that moment in life when they realize that what they do is not just something they enjoy doing on the side, but that it is their life, a central part of who they are. They often experience some kind of sudden awakening, a realization that they are an artist. How and when did this happen to you? Was it a gradual process or one particular moment?

Marianna Simnett: I think it came very, very early for me, earlier than I can even remember. It is hard to pinpoint exactly, but I remember drawing at the age of three or four and finding art to be a portal away from the world around me. And so I think I always saw art as something essential

Kunst für mich als Portal entdeckt habe, über das ich meiner unmittelbaren Umgebung entkommen konnte. Ich glaube, für mich war die Kunst etwas Wesentliches, etwas das ich brauchte, um genießen und entfliehen, möglicherweise sogar um auf irgendeine Art zurückschlagen zu können. Als Kind bastelte ich Dankeskarten. Wenn ich ein Geschenk erhielt, zeichnete ich immer, was ich bekommen hatte, und schickte die Zeichnung an die Person, die mir das Geschenk gemacht hatte. Das war wie ein merkwürdiger und doch notwendiger Tausch. Etwas genauso Wichtiges passierte, als ich ungefähr fünf war: Ich stand vor einem Spiegel und nahm einen dicken schwarzen Stift, mit dem ich dann Linien an meinem Körper entlang zeichnete und mich so in einzelne Teile zerlegte. In dem Moment sagte ich zu meinem Spiegelbild: „Das wirst du von nun an tun." Zum allerersten Mal wusste ich, dass ich mich absondern und mich den vorgegebenen Regeln widersetzen würde. Und so sagte ich zu mir selbst: „Du musst dich an diesen Moment erinnern, auch wenn du richtig alt bist."

SB: Also warst du dir bewusst, dass du so dachtest, obwohl du noch so jung warst.

MS: Ja, ich erinnere mich, dass ich mir dessen ganz und gar sicher war, meine Überzeugung felsenfest, ich jedoch auch eine Art Traurigkeit spürte, als würde ich nicht dazugehören, als würde dies mein Weg sein damit umzugehen, dass ich nicht dazugehörte, beziehungsweise dass ich mir so meine eigene Welt bauen konnte.

SB: Würdest du sagen, dass du in gewissem Sinn immer schon gespürt hast, dass du irgendwie anders warst?

MS: Andere Menschen haben mich immer schon als anders bezeichnet. Seit ich sehr klein war, wurde mir gesagt, dass ich sonderbar sei. Wenn Du ein Kind bist, bleiben derartige Worte hängen, wenn sie wiederholt werden, und schließlich fängst du an, dich selbst so zu sehen. Ich denke, die Kunst wurde für

that I needed to enjoy and escape, maybe retaliate even. I also made thank-you cards as a kid. When anyone gave me a present, I would always draw my gift and give it back. It felt like a strange and necessary exchange.

There was another significant incident when I was about five, standing in front of the mirror, and I got a thick black pen and drew lines down my body, fragmenting myself into composite parts. I said to myself in the mirror at that moment, „This is what you are going to do."

It was the first time I knew that I was going to be separate or go against the given rules. And I said to my reflection, „You must remember this moment, even when you are really old."

SB: So you were conscious of thinking along those lines even at such a young age.

MS: Yes, I remember being really sure of it and having a lot of conviction, and a kind of sadness, feeling like I did not belong, like this was going to be the way that I could cope with not belonging, or this was going to be a way to construct my own universe.

SB: Would you say that in a sense you always felt that you were somehow different?

MS: I was always called different by others. I was always told that I was weird, from quite a young age.

And these words that get repeated, when you are a child, they stick, and you end up thinking those things of yourself.

I think art became this space of liberation because there were so many rules. There was

mich zu einem Raum der Befreiung, weil es so viele Regeln gab. Samstags musste ich zur jugoslawischen Schule, am Freitag zur Flötenstunde und am Donnerstag zum Klavierunterricht... Mein Zuhause war straff organisiert. Kunst bot den einzigen Raum, in dem es mir gelang, Dinge zu finden, die mir und mir allein gehörten. Mit dreizehn ging ich auf eine Schule für darstellende Künste. Von da an drehte sich alles um die Kunst. Für meine Eltern war Kunst die Streitfrage schlechthin. Die eine Seite ermutigte mich dazu, während die andere befürchtete, Kunst würde meine Zukunft ruinieren. Ich war sehr gut im Lernen. Mathematik und Naturwissenschaften fielen mir leicht. Das ist fast peinlich, aber ich war immer eine Einser-Schülerin. Ich hätte also auch etwas Anderes machen können.

SB: Dieses Vorurteil, dass Künstler*innen nur in Kunst und Geisteswissenschaften gut, aber in Mathematik und Physik wirklich schlecht sind, ist also nicht wahr.

MS: Es ist möglich, dass man etwas richtig gut kann, es jedoch nicht tun möchte. Ich glaube, mir war immer unglaublich klar, was ich tun musste, aber für alle anderen war es nicht immer klar.

SB: Das ist wohl gewissermaßen Segen und Fluch zugleich. Zu wissen, was man will, macht einem den richtigen Kurs, den man einschlagen muss, um dorthin zu gelangen, stärker bewusst. Das bedeutet jedoch auch, dass es sehr schwierig ist, sich auf irgendetwas anderes einzulassen, denn du weißt genau, wer du bist und wo du hin musst hinsichtlich Genuss, Freude, Überleben, Vergeltung, all die Dinge, die du erwähnt hast. Folglich ist es ziemlich gravierend, wenn du nicht da bist, wo du sein musst, eventuell führt das sogar zu einer existenziellen Krise.

MS: Das ist wahr, und es bleibt nach wie vor ein Kampf für mich. Weil ich so hart dafür gekämpft habe, ist es immer noch eine äußerst zwiespältige Beziehung – einerseits rettet sie

Yugoslav school on Saturday, flute practice on Friday, piano on Thursday... It was a regimented home. Art was the only space that I had managed to find that was mine and mine only. And then when I was thirteen, I went to a performing arts school. From this moment on, art took center stage. Art was a huge sticking point between my parents. One encouraged it, while the other feared it would ruin my future. I was very academic and good at math and science. I was always, embarrassingly, an A* student. I could have done something else.

SB: So this preconception that artists are only good at art and the humanities but really bad at math and physics is not true.

MS: You can be really good at something but you might not want to do it. I think that it was always incredibly clear to me what I needed to do, but it was not always clear to everybody else.

SB: I think this is, in a sense, a blessing and a curse. In a way, knowing what you want makes you more aware of the route you need to chart for yourself to get there. But it also means that it is very difficult for you to settle for anything else because you know exactly who you are and where you need to be in terms of enjoyment, survival, retaliation, all the things that you said. So if you are not where you need to be, it is quite a serious, perhaps even existential crisis.

MS: That is true, and it still maintains that struggle for me. Because I fought for it so hard, I have this very duplicitous relationship with it—it both saves me and sometimes puts me over the edge. It is like I love it too much and when you love anything too much, it can become strained and toxic and turn on itself. It is not a joke that art is my lover. I have a really extreme relationship with a force that I have carried with me forever.

mich und andererseits bringt sie mich geradezu um den Verstand. Manchmal ist es so, als liebte ich sie zu sehr, und wenn man etwas zu sehr liebt, dann kann daraus leicht etwas Angestrengtes, etwas Toxisches werden, das sich gegen sich selbst richtet.

Es ist kein Witz, dass die Kunst meine Liebhaberin ist. Ich führe eine wirklich extreme Beziehung mit einer Kraft, die ich schon immer in mir hatte.

SB: Ich spüre in deinem Werk, in jeder einzelnen Arbeit, eine sehr starke Hingabe. Ich habe noch keine Arbeit von Marianna Simnett gesehen, ob es sich um eine kleine Zeichnung handelt oder eine komplexe Videoinstallation, bei der ich nicht spüre, dass du an jede einzelne Grenze gegangen bist, zu der du vordringen konntest, dass die Arbeit alles enthielt, das sie benötigt, weil sie das Ergebnis eines ernsthaften Insichgehens ist. Keines deiner Werke ist bedeutender oder weniger bedeutend als die anderen. War das schon von Anfang an so? Geht es jedes Mal um Leben und Tod, wenn du am Schreibtisch sitzt oder über eine Komposition oder einen Film nachdenkst?

MS: Mir ist es nie sinnvoll erschienen etwas zu tun, wenn ich es nicht mit vollem Einsatz tue, bis ich sehe, wie es sprudelt und lebendig wird. Ich möchte die Arbeit, in die ich mich ganz und gar hineinstürze, würdigen, was paradoxerweise häufig bedeutet, weniger zu tun. Es geht nicht unbedingt darum, alles barocker zu machen und zu vergolden. Manchmal reicht eine behutsame Geste. Sensibel dafür zu sein, was die Arbeit braucht, das ist die Reise, auf der ich mich befinde, empfänglich zu sein für das, was in einem bestimmten Augenblick nötig ist. Sicherlich treibe ich auch meinen eigenen Kampfgeist an; ich spüre einen unermüdlichen Drang und ein nicht zu löschendes

SB: There is this very strong sense of commitment in your work, in every single piece. I have not seen a Marianna Simnett artwork, whether it is a small drawing or a full-fledged video installation, where you do not feel that you have pushed all the boundaries you were able to push, that everything included in that work needs to be in there because it is the result of serious soul searching. None of your pieces are more or less significant than others. Has it always been like that? Every time you sit at your desk or you think of a composition or you work on a film, is it live or die?

MS: I have never seen the point in doing anything unless you do it to the max, until you see it fizz and become alive. I want to honor the work that I am pouring myself into, which often ironically means doing less. It is not about necessarily making everything Baroque and gilded, sometimes all it needs is a gentle stroke. Being sensitive to what the work needs has become my journey, to be receptive to what is needed at a given moment.

Certainly there is a competitive spirit that I have with myself, and there is an insatiable drive, and a constant fuel that even I cannot understand. I want to do the work justice and will go to most lengths to get there.

SB: And that is perhaps one of the main reasons why you are doing such great work, there is really no compromise. But with time, you also reach the maturity to know when less is more and when more is more. And sometimes a small gesture requires more effort than a whole gilded set, because it is concentrating and economizing everything into something very focused and condensed. But to complete this first part of our conversation: was going to art school your first choice or was there a little meandering?

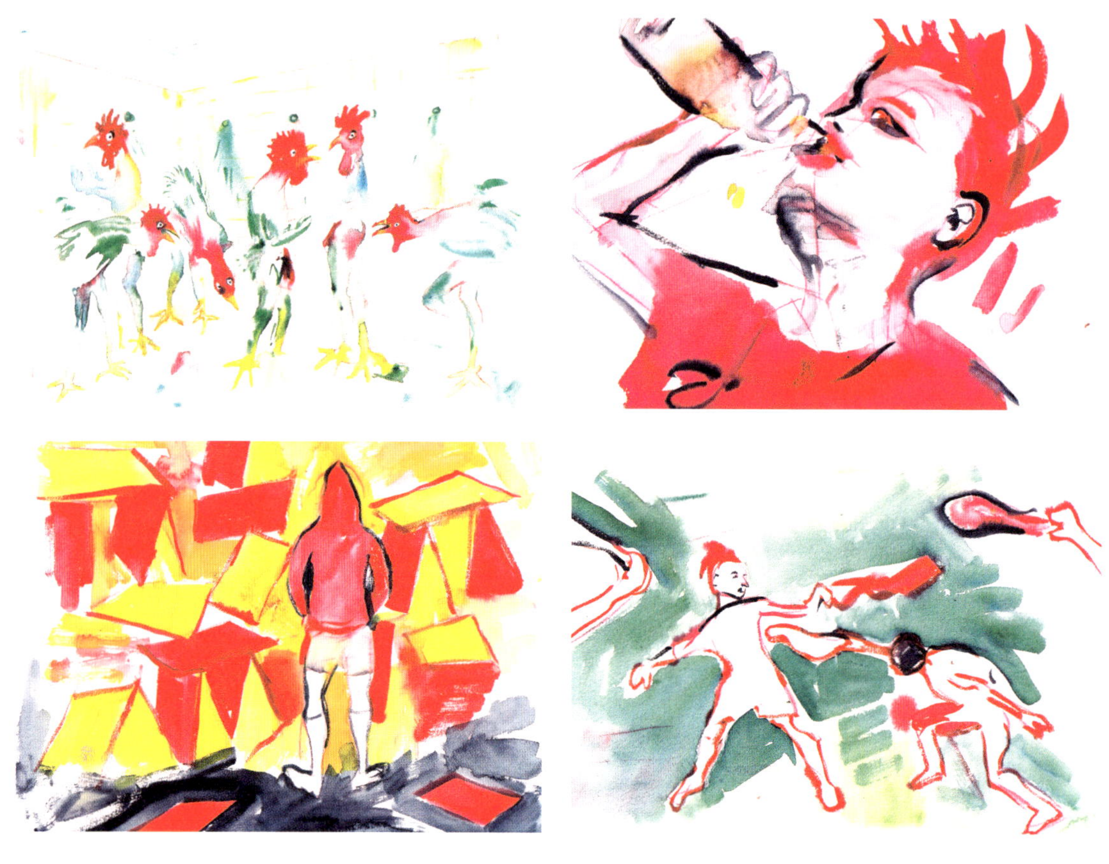

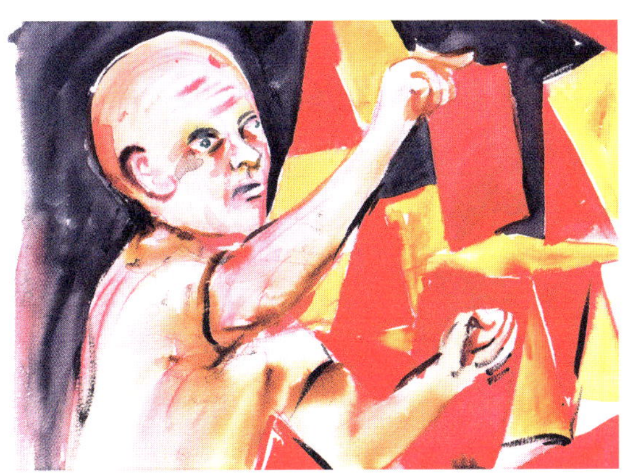
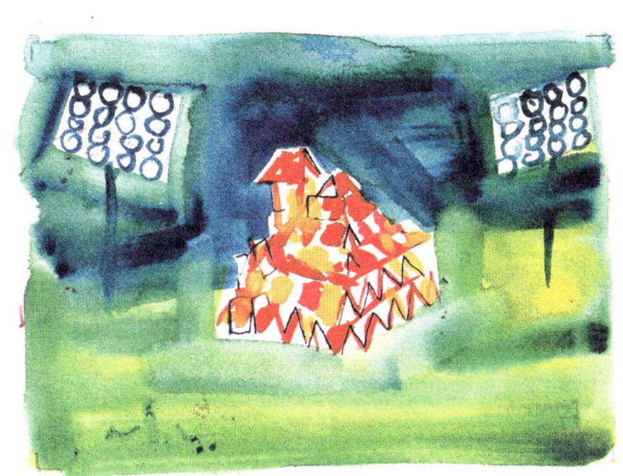
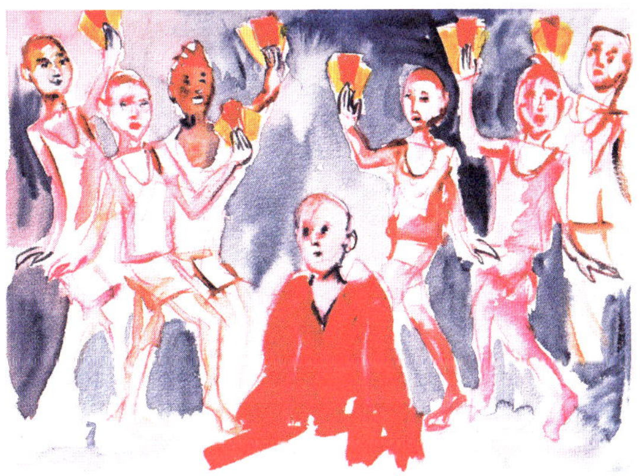
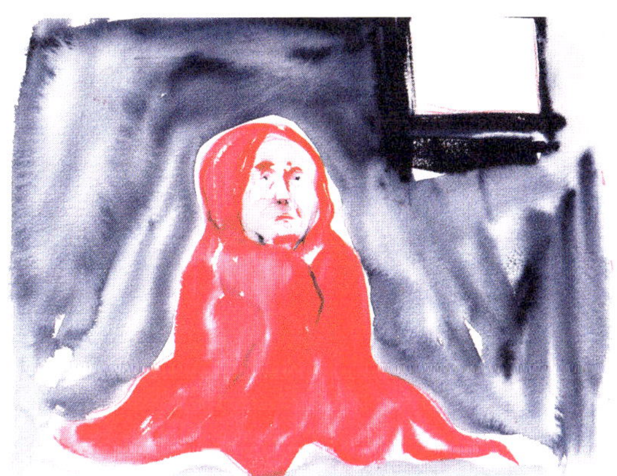

Marianna Simnett, *WINNER*, 2024,
Storyboard in Aquarell / storyboard watercolor

Feuer, das ich selbst nicht erklären kann. Ich möchte der Arbeit gerecht werden und nehme nahezu alles für dieses Ziel in Kauf.

SB: Das ist vielleicht auch einer der Hauptgründe, warum du so großartige Arbeiten produzierst: Du gehst keine Kompromisse ein. Mit der Zeit erreicht man auch eine Reife, die einen erkennen lässt, wann weniger mehr ist und wann mehr wirklich mehr ist. Auch erfordert eine kleine Geste mitunter größeren Aufwand als ein komplettes vergoldetes Set, da sie alles konzentriert, auf das Wesentliche beschränkt und verdichtet. Um jedoch diesen Teil unseres Gesprächs abzuschließen, möchte ich noch fragen, ob es deine erste Wahl war, Kunst zu studieren, oder gab es ein paar Umwege?

MS: Nein, es ging von Anfang an immer um die Kunst. Mit dreizehn habe ich nach einem Sorgerechtsstreit mein Zuhause und die Schule gewechselt. Das war eine ungeheuer schwierige und prägende Zeit. Ich besuchte eine Schauspielschule, wo ich Tanz und Theater entdeckte. Ein Großteil der theatralischen Einflüsse in meinem Werk stammt daher, dass ich als Jugendliche mit der Performance und der Freiheit, die sie bot, bekanntgemacht wurde. Nicht, dass ich je hätte Schauspielerin werden wollen, aber mein Selbstvertrauen wurde dadurch gestärkt. So fing ich an, mir meinen sicheren Hafen zu bauen. Mein Kunstlehrer ermutigte mich sehr und ließ mich nach dem Unterricht bleiben. Niemand sonst wollte Künstler*in werden; alle wollten im West End auftreten. Auf diese Weise erhielt ich meinen Thron, einfach weil ihn sonst keiner haben wollte. Danach ging ich ans College, um Kunst zu studieren. Ich absolvierte einen BA sowie einen MA in Kunst. Im Großen und Ganzen ging alles unbeirrbar seinen Gang.

SB: Sprechen wir über einige der Schlüsselmomente, über die wesentlichen Meilensteine auf diesem Weg, seien es bedeutsame Begegnungen, Bücher, Ausstellungen, Erlebnisse oder Erfahrungen.

MS: No, it was art all the way. I changed parents and schools at the age of thirteen after a custody battle. This was an incredibly difficult and poignant moment. I went to a stage school where I discovered dance and drama. A lot of my theatrical influences come from my introduction to performance during my teens and the liberation it offered.

Not that I ever wanted to be an actress, but it gave me confidence. I started to build my haven and corner. My art teacher was very encouraging and let me stay after class. No one else wanted to be an artist, they wanted to be in the West End. So I was given my throne because no one else wanted it.

After that I went to college to do art, did my BA and my MA in art. Overall it was very unswerving.

SB: Let us talk about some of the pivotal moments, the main punctuation marks along the way, which may be important encounters, literature, exhibitions, things that you experienced. From those formative years at art school to throwing yourself out there, exhibiting and traveling, can you think of a few important things that led to new directions in the path your career has taken so far?

MS: I always felt like a slow bloomer because I was not allowed to watch TV or film as a kid. Maybe it was a good thing because I had to make up my own stories. Cinema came to me very late, music came to me very, very late. I played music, but did not listen to it, which was a sin. Art was not a reality, it only existed in my mind. I did not go to museums. I think the first time I realized that art was not an image on a page was when I discovered Louise Bourgeois. I thought her spider *Maman* was incredible: you could stand under it, you could be engulfed in it. I did not even know what

Kannst du einige wichtige Dinge aus diesen prägenden Jahren an der Kunsthochschule und den ersten Jahren danach herausgreifen, als du dich in die Welt geworfen hast, ausgestellt hast und gereist bist, Dinge, die deinen bisherigen Weg in neue Richtungen gelenkt haben?

MS: Ich habe mich immer wie eine Spätzünderin gefühlt, weil ich als Kind keine Filme und kein Fernsehen schauen durfte. Möglicherweise war das gut für mich, weil ich so meine eigenen Geschichten erfinden musste. Ich kam erst spät, sehr spät zum Kino. Ich habe Musik gemacht, aber keine Musik gehört – was eine Sünde! Kunst war keine Wirklichkeit; sie existierte lediglich in meinem Kopf. Ich ging in keine Museen. Ich glaube, das erste Mal, das mir bewusst wurde, dass Kunst nicht ein Bild auf einer Buchseite ist, war, als ich Louise Bourgeois entdeckte. Ihre Spinne *Maman* fand ich unglaublich: Man konnte darunter stehen; man konnte davon verschlungen werden. Ich wusste nicht einmal, was Skulptur war. Seltsamerweise waren die meisten meiner frühen Einflüsse männlich. Ich lebte in einem männlich geprägten Haushalt mit meinem Vater und meinem Bruder. Ich spielte männliche klassische Komponisten: Chopin, Mozart, Debussy. Dann allerdings waren es Helen Chadwick und andere Künstlerinnen, die mich innehalten ließen. Cindy Sherman war die Heldin meiner Jugend. Ich fing an, mich zu verkleiden und die Leute zu erschrecken. Ich verkleidete mich etwa als runzlige alte Dame und ließ mich dann von Freund*innen nackt in der Gosse liegend fotografieren. Die Polizei erschien, weil ich als alte Rentnerin derart überzeugend war. Dann verschlang ich Literatur, weil ich auch diesen Rückstand aufholen musste. Ich habe stets gelesen, ging aber wiederum durch die männlichen Alkoholiker, die Beat Generation, Kerouac, Bukowski, Hubert Selby Jr., und all die anderen Amerikaner. Dann waren da Kafka, Beckett, Nauman. Beckett und Nauman kamen etwas später, vielleicht in meinen College- und frühen Bachelor-Jahren. Ich schlief mit ihren Büchern unter meinem Kopfkissen und glaubte, ich würde im

sculpture was. It is odd because most of my early influences were male. I had a male household, male father, male brother, playing male classical composers, Chopin, Mozart, Debussy. But then it was Helen Chadwick and other female artists who stopped me in my tracks. Cindy Sherman was my teen hero.

I started to dress up and scare people. I would dress up as an old lady with wrinkles, naked, and then get my friends to photograph me in the gutter. Police would come because I would be so convincing as an old pensioner. Then I devoured literature because I needed to catch up with that too.

I was always a reader, but I went through, again, male drunks, the Beat Generation, Kerouac, Bukowski, Hubert Selby Jr., and all the Americans. And then there was Kafka, Beckett, Nauman. Beckett and Nauman came when I was a bit older, maybe college and early BA years. I would sleep with their books under my pillow, thinking that I would learn in my sleep via osmosis. Nauman was the first artist I think I truly understood. There was also Vito Acconci, Joan Jonas, a lot of performance art and structuralist materialist film. Performance and camera became really important to me during my BA, and the meeting point between the two.

SB: What was your first exhibition after art school?

MS: My first significant exhibition was the Jerwood / Film and Video Umbrella Award where I presented *The Udder* (2014). Immediately after I finished my MA at the Slade, I won a two-year prize to make another film. It was a competition exhibition and I won, so then I showed the following year with another film. That was the first time my name was on the wall.

Schlaf durch Osmose lernen. Nauman war der erste Künstler, den ich glaubte, wirklich zu verstehen. Daneben beschäftigte ich mich mit Vito Acconci, Joan Jonas, einer Menge Performancekunst sowie strukturalistisch-materialistischem Film. Performance und Kamera wurden sehr wichtig für mich während meines BA Studiums, und insbesondere der Punkt, an dem sich beide berühren.

SB: Was war deine erste Ausstellung nach der Kunstakademie?

MS: Meine erste nennenswerte Ausstellung war der Jerwood / Film and Video Umbrella Award, wo ich die Arbeit *The Udder* (2014) präsentiert habe. Unmittelbar nachdem ich mit meinem MA an der Slade fertig war, gewann ich einen zweijährigen Preis, mit dem ich einen weiteren Film drehen konnte. Es handelte sich um eine Wettbewerbsausstellung, die ich gewann, und so zeigte ich im Jahr darauf einen weiteren Film. Es war das erste Mal, dass mein Name an der Wand stand.

SB: Wie hat sich das angefühlt? Wie war es, als zum ersten Mal Kurator*innen, Sammler*innen, Kritiker*innen und andere Künstler*innen deine Arbeit im Rahmen eines derart angesehenen Preises wahrgenommen haben? Kannst du gut mit Kritik umgehen? Wie bist du mit der Aufmerksamkeit umgegangen?

MS: Tatsächlich mag ich das. Ich brauche ein Publikum. Ich bin niemand, der nur um des Machens willen macht. Ich schließe mit einer Sache ab, sobald ich sie für fertig erachte und es eine Rezeption gibt. Dann kann ich zum nächsten Projekt übergehen. Ich bin eine Rabenmutter, denn sobald ich ein Kunstwerk fertiggestellt habe, denke ich mir: „Okay, ab in den Müll damit, das nächste bitte!" Ich liebe sie alle, aber die meiste Liebe verspüre ich immer für das, an dem ich gerade arbeite. Dem muss ich mich absolut hingeben, sonst wird es nicht das, was ich will. Es fühlt sich gut an, Anerkennung zu erhalten, weil ich, ehrlich gesagt, jetzt so lange schon mit dem Weg der Kunst kämpfe,

SB: And what was it like? How did it feel when, for the first time, curators, collectors, art critics, other artists saw your work in the context of such a highly respected award? Are you someone who takes criticism well? How did you deal with the attention?

MS: I like it actually. I need an audience, I am not someone who can just make for making's sake. I get closure when I sign something off and have a reception. Then I can move on to the next thing. I am a bad mom because as soon as I finish one artwork, I am like, "Okay, out in the trash, next!" I love them all but I give most of my love to the thing I am working on in the present moment. I have to give it absolutely everything, otherwise it will not be what I want.

It is good to have recognition because, quite honestly, I have battled with the journey of making art so long that it feels necessary to have some accreditation for it at some point.

I worked hard for it and lost relationships through it and had to switch homes because of it. It has always been an obstacle, but also my savior. Having said that, I do not need applause, and also do not mind if people are mean about the work. That does not bother me, I kind of enjoy it. I like opinions, I wish there were more. I wish there was more space for criticism in the world today. At the moment, critique is all very nepotistic and sadly we all have to write about things in a way that pleases people rather than what we actually think. Opinions are less strong because of social media diluting our brains.

SB: We are losing the tools of negotiating difference. This brings me to an important aspect of your work, a beautiful thing that I personally experienced in your pieces: the fact that they are never closed-ended. I never leave one of your works thinking that I know what you think. I am sure this will also be the case in the film you are cur-

dass es mir nötig erscheint, dafür irgendwann etwas Achtung zu bekommen. Ich habe hart dafür gearbeitet, habe Beziehungen verloren und musste deswegen mein Zuhause wechseln. Kunst ist immer ein Hindernis gewesen, aber auch meine Rettung.

Allerdings brauche ich keinen Applaus, und es ist mir gleichgültig, wenn die Leute gemeine Dinge über meine Arbeiten sagen. Das lässt mich kalt, in gewisser Hinsicht genieße ich es sogar.

Ich mag Meinungen; ich wünschte, es gäbe mehr. Ich wünschte, es gäbe in der heutigen Welt mehr Raum für Kritik. Zurzeit ist sämtliche Kritik sehr nepotistisch, und leider müssen wir alle auf eine Art schreiben, die den Leuten schmeichelt, anstatt zu schreiben, was wir wirklich denken. Meinungen sind heute weniger stark, weil die sozialen Medien unsere Hirne verwässern.

SB: Wir verlieren die Werkzeuge, die uns erlauben, Unterschiede zu verhandeln. Das bringt mich zu einem wichtigen Aspekt deines Werks, etwas Wunderschönes, das ich persönlich in deinen Arbeiten erlebt habe: Die Tatsache, dass sie niemals geschlossen enden. Nie lasse ich eine Arbeit von dir hinter mir und denke, dass ich weiß, was du denkst. Ich bin sicher, das wird auch bei dem Film so sein, an dem du gerade für den Hamburger Bahnhof arbeitest. Deine Arbeiten scheinen sich immer darum zu drehen, eine intensive Begegnung mit einer äußerst unbestimmten und doch klar organisierten Situation zu kreieren, die sich in alle möglichen Richtungen entwickeln könnte. Sie könnte unheilvoll oder erlösend sein, schmutzig oder grandios werden, in jedem Fall liegt sie dazwischen, stellt eine Art Verhandlung all dieser unterschiedlichen Möglichkeiten dar.

rently working on for Hamburger Bahnhof. It always seems to be about creating an intense encounter with a very undefined, yet clearly and precisely orchestrated situation that could develop in any direction. It could become very sinister or redemptive, dirty or sublime, it is always in-between, a kind of negotiation of all these different possibilities. It overwhelms you, you are tantalized by the possibilities of where it could go and you start looking for clues. How do you arrive at weaving these layers together with such precision yet leaving the work so open?

MS: This is my throughline, a dilemma of wanting to control and let everything go, and never wanting to create a polemic or dictate what other people should feel. I understand that some artists need to declare what they feel about the world, but I tend to carry a multiplicity of thoughts within one work and ask others to fill in those blanks. And this is not a leaning back into conceptualism and saying that the viewer has to do all the work. It is my own overwhelment with the world that I present back. It is semi-autobiographical but has nothing to do with my life, rather it relates to strong feelings of disorganization.

I do believe that we should be able to have more thoughts than one influencing our opinions at the same time, and that is a really hard thing to put into words but maybe easier to do with artwork because you can weave many conflicting ideas into one.

I am interested in storytelling, I want my art to be palatable and graspable so it never falls fully into abstraction. I am trying to carve a path that ignores a lot of those constraints that I feel are suffocating artists and so I am very deliberate about my mischief in both leaning into something that I know I need to do to fulfill the brief while I absolutely refuse to make socially relevant work. That is just never who I am going to be.

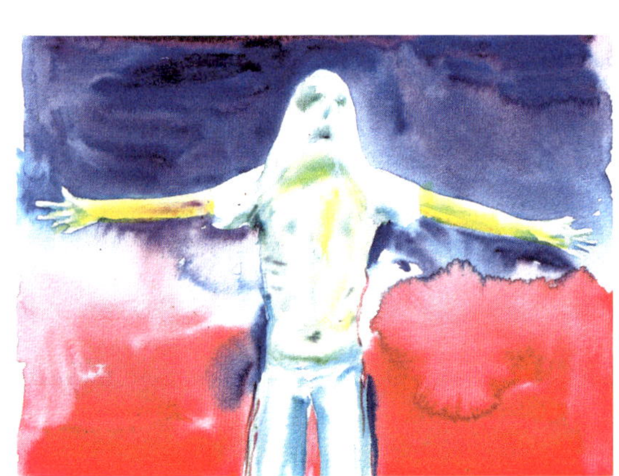

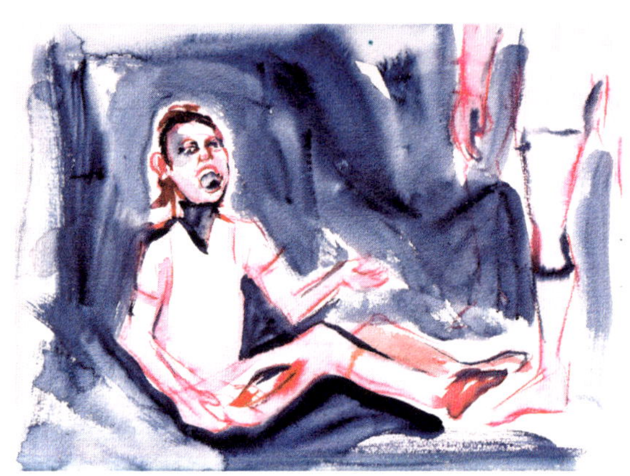

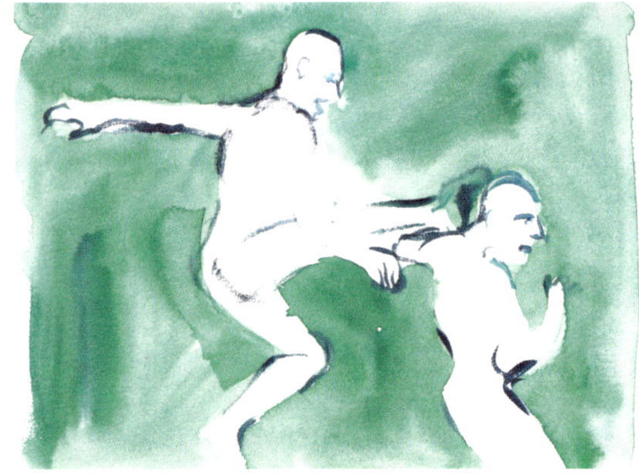

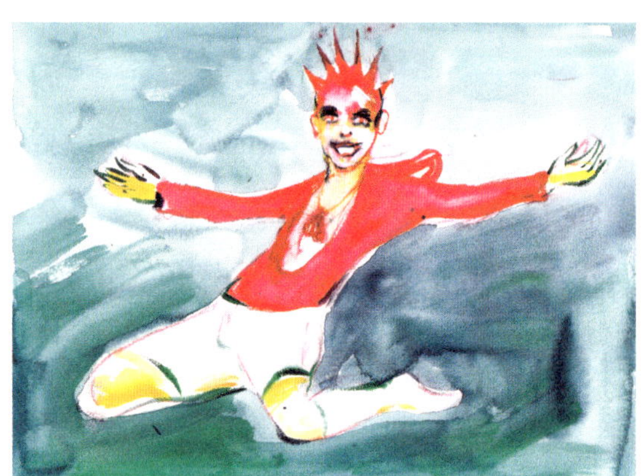

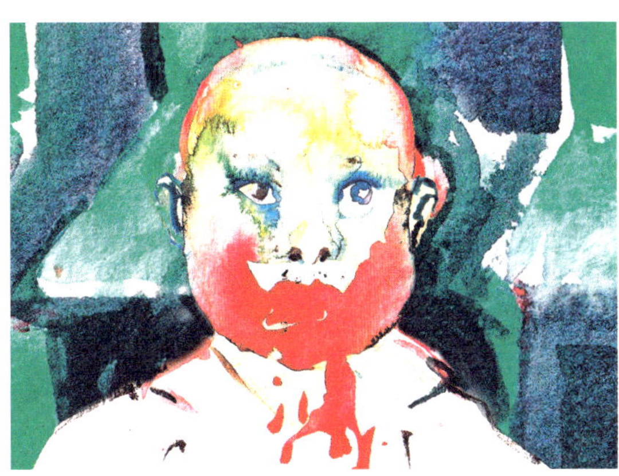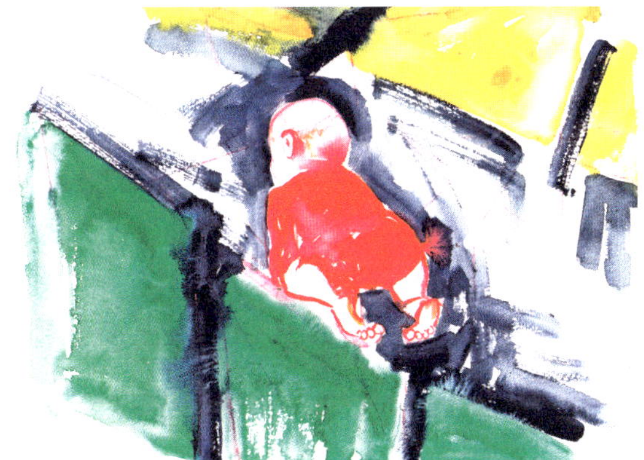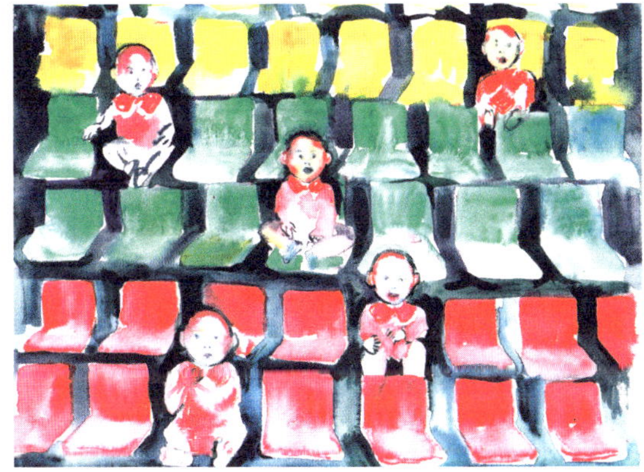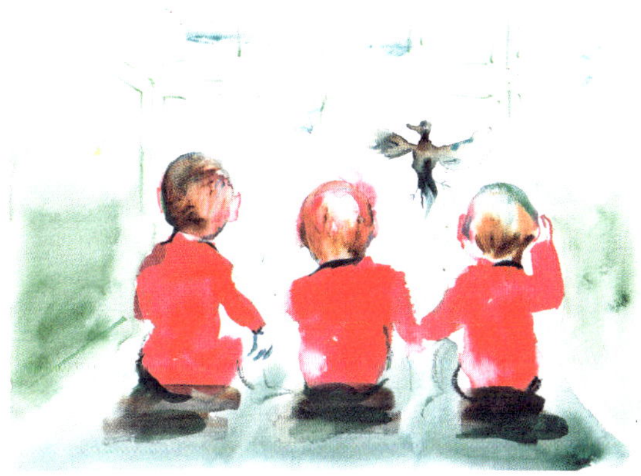

Marianna Simnett, *WINNER*, 2024,
Storyboard in Aquarell / storyboard watercolor

Sie überwältigt, man wird gelockt und gequält zugleich von den Möglichkeiten, wohin dies führen könnte, und man beginnt, nach Hinweisen und Anhaltspunkten Ausschau zu halten. Wie schaffst du es, diese Schichten derart präzise miteinander zu verweben und dennoch die Arbeit so offen zu lassen?

MS: Das ist mein roter Faden, mein Dilemma, alles zugleich kontrollieren und loslassen zu wollen, und der Wunsch, nichts Polemisches zu schaffen oder zu diktieren, was Andere fühlen sollten. Ich verstehe, dass einige Künstler*innen ihre Gedanken über die Welt öffentlich erklären müssen. Ich hingegen neige dazu, eine Vielzahl von Gedanken in eine Arbeit einfließen und Andere die Leerstellen ausfüllen zu lassen. Das heißt nicht, dass ich mich in einer konzeptkünstlerischen Haltung zurücklehne und den Betrachtenden alle Arbeit überlasse. Ich selbst fühle mich von der Welt überwältigt und überfordert und gebe genau dies in meinen Arbeiten wieder. Sie sind auf eine gewisse Weise autobiografisch, obwohl sie nichts mit meinem Leben zu tun haben. Vielmehr nehmen sie Bezug auf starke Gefühle der Unordnung. Ich bin davon überzeugt, dass wir in der Lage sein sollten, mehrere Gedanken gleichzeitig zu fassen, welche unsere Meinungen beeinflussen. Das ist wirklich schwer zu formulieren, jedoch möglicherweise leichter in einem Kunstwerk zu erreichen, da dort eine Vielzahl von widersprüchlichen Ideen zu einem Ganzen verwebt sein können. Mein Interesse gilt dem Geschichtenerzählen. Ich möchte, dass meine Kunst griffig und zugänglich ist und nie vollständig in die Abstraktion abgleitet. Ich versuche, mir einen Weg zu bahnen, der die meisten der Zwänge ignoriert, die Künstler*innen meiner Meinung nach ersticken. Folglich betreibe ich voller Bedacht Unfug, wenn ich mich in etwas reinhänge, von dem ich weiß, dass es für die Erfüllung der Anforderungen unabdinglich ist, ich mich zugleich jedoch absolut weigere, gesellschaftlich relevante Kunst zu machen. Das wäre einfach nicht authentisch. Meine Kunst ist auf das große Vertrauen anderer angewiesen, das mir

It does rely on a lot of trust on the part of others to give me the scope to be able to do my work well, so that my wings do not get clipped.

SB: That is definitely not something that we ever want to do because it is in your full flight that you are the most radiant. You used a word that I think is a great way to start talking about our collaboration: mischief. We had the opportunity to do something here at Hamburger Bahnhof related to the European football championship, and clearly, I am not a football person. I can safely say, Till is not a football person. You said at the press conference for the Stiftung Fußball und Kultur here at Hamburger Bahnhof that you hated football before starting on this project. I do not know what was going on in all of our heads when we agreed to do this but perhaps, at the time, I was thinking that there is an intensity, an element of sweat and blood and gore, but also of elevation and sublimation and euphoria. Now that we have worked together a little bit more, I think it is maybe mischief that led us to enter into this otherwise very big topic that heavily draws on notions of nation and gender. And I think mischief is probably the best way to start talking about this because that is what you do, you are always flipping things upside down, teasing and playing with them. What did you think when we first said, "Hey, Marianna, do you want to do something about football?"

MS: Well, I was really shocked. I felt like an imposter. I felt like I was being asked to make work about the whole world. It felt too big, totally impossible. I was not brought up into a football environment. My initial response was, "Hell no," but I think it only took fifteen minutes before I understood. I have always found similarities with athletes. Other artists have said that about me too, about the way that I work, the regimentality, the discipline, the hard training. Each of my disciplines, be it film, painting, music, or machine learning, has to be learned like a craft.

den Freiraum eröffnet, meine Arbeit gut zu machen, ohne meine Flügel zu stutzen.

SB: Das wollen wir ganz gewiss nicht, denn im vollen Flug offenbart sich deine ganze Pracht. Du hast ein Wort verwendet, das sich meines Erachtens bestens dafür eignet, in ein Gespräch über unsere Zusammenarbeit einzusteigen: Unfug. Wir hatten hier am Hamburger Bahnhof Gelegenheit, etwas im Rahmen der europäischen Fußballmeisterschaft zu machen – und ich bin ganz und gar kein Fußballmensch. Ich kann mit Gewissheit sagen, dass Till ebenfalls kein Fußballmensch ist. Du hast hier im Hamburger Bahnhof auf der Pressekonferenz für die Stiftung Fußball und Kultur erklärt, dass du Fußball vor Beginn des Projekts gehasst hast. Ich weiß nicht, was wir uns alle dabei gedacht haben, als wir uns entschlossen haben dabei mitzumachen, aber vielleicht dachte ich damals, dass es da diese Intensität gibt, ein Element von Blut, Schweiß und Gewalt, aber auch Hochgefühle und Sublimierung und Euphorie. Jetzt, nachdem wir etwas länger zusammengearbeitet haben, denke ich, dass es vielleicht unser Sinn für Unfug war, der uns dazu gebracht hat, uns dieses sonst so überwältigend großen Themas anzunehmen, das so stark auf Vorstellungen von Nation und Gender beruht. Unfug ist vielleicht darum ein so guter Einstieg, weil es das ist, was du betreibst, du stellst die Dinge stets auf den Kopf, ärgerst sie und spielst mit ihnen. Was ging dir durch den Kopf, als wir zum ersten Mal sagten: „Hey, Marianna, willst du nicht etwas über Fußball machen?"

MS: Na ja, ich war wirklich schockiert. Ich kam mir vor wie eine Hochstaplerin. Es war, als würde man mich mit einer Arbeit über die ganze Welt beauftragen. Es kam mir zu groß vor. Ich bin nicht in einer Umgebung aufgewachsen, in der Fußball eine große Rolle spielt. Dementsprechend war meine erste Reaktion „Auf gar keinen Fall", doch ich glaube, es

There is something I love about that dexterity and ability to get really good at something, get the best at something, not necessarily to beat others in the game, but just for myself. And the blood, sweat and tears and the fury, the ferocity that football demands of a body… the prospect became suddenly extremely exciting.

SB: Can you talk about maybe one or two things that made you feel like you found your point of entry, that you were in control, holding the reins?

MS: Two things. One was my first interest in the ultras and their love rather than the hate, understanding ultras from the perspective not of necessarily alt right hooliganism, but as people who go beyond measure to love what they love. That was one of the first important messages that related back to me as an artist, the absolute irrationality of why someone does what they do which goes way beyond explanation. Where does that excess go? And what exactly is this excess feeling? Why do we feel the need to push ourselves into these spaces?

I was very interested in subverting or challenging myself to rethink what this crowd mentality is. So the crowd became really important as a starting point, ultras specifically and their rage. I carry a lot of rage. Rage and love are a duality.

But then I started to read *Among the Thugs* by Bill Buford and he is a method writer, he becomes what he writes. I worried for myself that I would be infiltrated into crowds, and get beaten up. I could see it happening because in a parallel universe I would go there, I would fake being

dauerte nur eine Viertelstunde, bis ich es verstand. Ich habe schon oft Gemeinsamkeiten mit Sportler*innen festgestellt. Andere Künstler*innen haben das auch schon über mich gesagt, über meine Arbeitsweise, meine Mentalität der quasi-militärisch straffen Organisation und Disziplin und das damit verbundene harte Training. Jede der Disziplinen, in denen ich arbeite, sei es Film, Malerei, Musik oder auch Machine Learning, muss wie ein Handwerk erlernt werden. Ich liebe die Geschicklichkeit und Fähigkeit, die man erreicht, wenn man eine Sache richtig gut kann, wenn man das Beste aus etwas herausholt – nicht unbedingt, um Andere im Spiel zu schlagen, sondern einfach für mich selbst. Aber auch Blut, Schweiß und Tränen, die Brutalität, das Wilde, das Fußball dem Körper abverlangt... der Ausblick wurde plötzlich äußerst aufregend.

SB: Könntest du vielleicht etwas zu ein oder zwei Dingen sagen, die dir das Gefühl gegeben haben, dass du einen Zugang gefunden, dass du die Zügel fest im Griff, die Kontrolle übernommen hattest?

MS: Zwei Dinge. Zum einen interessierten mich die Ultras und ihre Liebe, weniger ihr Hass. Ich wollte die Ultras nicht unbedingt aus der Perspektive des Hooliganismus verstehen, sondern als Menschen, die in ihrer Liebe zum Fußball über jedes Maß hinausgehen. Das war eine der ersten bedeutsamen Botschaften, die mich als Künstlerin ansprachen, die absolute Irrationalität, warum jemand das tut, was er tut, die weit über eine Erklärung hinausgeht. Wo führt dieser Exzess hin? Und worin genau besteht dieses exzessive Gefühl? Warum verspüren wir den Drang, uns in derartige Räume zu wagen? Ich war sehr daran interessiert, mich herauszufordern, neu darüber nachzudenken, worin diese Massenmentalität eigentlich besteht. So wurde die Masse zu einem wichtigen Ausgangspunkt, speziell die Ultras und ihre Wut. Ich trage viel Wut in mir. Wut und Liebe bilden eine Dualität. Dann begann ich allerdings, das Buch *Geil auf Gewalt: Unter Hooligans* von Bill Buford zu lesen. Er ist ein

an ultra. I could see one version of this project where it would get really dangerous for myself and also not produce very good work. This was a pivotal moment where I started to feel icky, and then it was dance that saved me. Dance became a vehicle. I was revisiting Klaus Theweleit and his book *Male Fantasies* which deals with the impulse of male violence. I got inspired by thinking about how to transform violence and not necessarily repeat it. It became critical that I do something active with it, and it does not just get reproduced. My work *Prayers for Roadkill* (2021) is really dark, animals are killing each other, but it is done with a light touch. You can deal with really difficult topics, but it is about how you treat them. My early research had me looking at some of the most brutal football fouls in history: Zidane's headbutt, Cantona's karate kick, Šimunić vs. Sulejmani and so on, which are painful to watch on screen.

I thought, what if we transport this and turn it into a dance that does not inflict danger, but it still carries the cultural consciousness of the memory of this sport? Because football is such a known topic, I could rely on an existing memory structure.

SB: This links back to what we were talking about earlier, the different kinds of sources that have informed the way you think about these topics, whether it is dance, theater, literature. One of the most important foundations for this work you are creating is a work of literature from the 1950s: "The Destructors" by Graham Greene in which a boys' gang destroys the house of a nice elderly man they call Old Misery. Why did you decide to use this short story as the basis for your main character, Misery, who is very much the referee in the piece you are creating? How did this short story become the structure on which you mirror some of the dynamics that take place on the field in the football world?

Method Writer, das heißt, er wird zu dem, was er schreibt. Ich machte mir Sorgen, dass ich in das Gedränge geraten und zusammengeschlagen würde. Ich sehe es vor mir, in einer Parallelwelt würde ich dorthin gehen und vorgeben, ein Ultra zu sein. Ich stellte mir eine Version des Projekts vor, in der es wirklich gefährlich für mich würde und außerdem keine besonders gute Arbeit entstünde. Das war ein entscheidender Augenblick, in dem ich mich unwohl fühlte, bis der Tanz mich rettete. Tanz wurde zu meinem Vehikel. Ich kam erneut auf Klaus Theweleit und sein Buch *Männerphantasien* zurück, das vom Impuls zur männlichen Gewalt handelt. Es inspirierte mich, darüber zu reflektieren, wie sich Gewalt verwandeln lässt und nicht wiederholt wird. Mir wurde klar, dass ich aktiv mit ihr umgehen musste und sie nicht einfach reproduziert wird. Meine Arbeit *Prayers for Roadkill* (2021) ist ziemlich düster, Tiere töten einander, aber sie hat gleichzeitig eine Leichtigkeit. Es ist möglich, äußerst schwierige Themen zu behandeln, doch kommt es darauf an, wie man damit umgeht. Während meiner anfänglichen Recherchen schaute ich mir einige der brutalsten Fouls der Fußballgeschichte an: Zidanes Kopfstoß, Cantonas Karatetritt, Šimunić gegen Sulejmani, und so weiter, die alle schon beim Zuschauen Schmerzen bereiten. Ich dachte, was wäre, wenn wir das transportieren und zugleich in einen Tanz verwandeln, der keine Gefahr birgt, aber dennoch das kollektive Gedächtnis dieses Sports in seiner Bedeutung für unsere Kultur in sich trägt? Fußball ist schließlich unglaublich bekannt, da konnte ich auf eine bereits existierende Erinnerungsstruktur setzen.

> SB: Das knüpft wiederum an das an, was wir bereits besprochen haben, nämlich die unterschiedlichen Arten von Quellen, auf die sich dein Denken zu diesen Themen stützt, ob es sich nun um Tanz, Theater oder Literatur handelt. Eine der wichtigsten Grundlagen für die Arbeit, an der du gerade sitzt, ist ein Werk der Literatur aus den 1950er-Jahren: „Zerstörungswut" von Graham Greene. Darin zerstört eine Bande Jugendlicher das Haus eines

MS: I think I knew I wanted to tell a very simple tale and allow the bodily movement to carry the story. I also knew I did not want any dialogue per se. And I remember the feeling I had when I read "The Destructors" years ago. It is charged with this simple act of destruction that is so cruel and unnecessary that it started to relate to the foul and this figure of neutrality: the referee.

I was questioning what is neutral and the fact that we are so often forced to take sides today. The referee character is both the king and the commander, the one in charge of the game, but also the one who is not allowed to have a view.

So there are a lot of prismatic constellations of this character that went into the character development of Misery. I just started to think of the stadium as my theater stage, and to reimagine the architecture: who would be my hooligans and footballers? I thought, "They are the kids who pull down the house." Then I thought about the commentators and the fans and realized that they clearly need to be devilish babies. They need to be babies and they need to speak with the voice of Diamanda Galás or Lydia Lunch, some kind of gothic superstar. I guess I am heavily influenced by *The Brood* and David Cronenberg and all these eerie outsiders who have a body that they do not fit into. The babies are Frankensteinesque because they are composited with AI and other voices that are not their own. "The Destructors" gave me my red thread, something to hang everything I had already been researching onto.

> SB: Let us talk about your treatment of the space itself. You have to deal with an exhibition room that has a very long rectangular shape, with pillars along the way, daylight coming in at the end and a ceiling consisting of a grid of glass panels. How are you imagining the installation in such a challenging space?

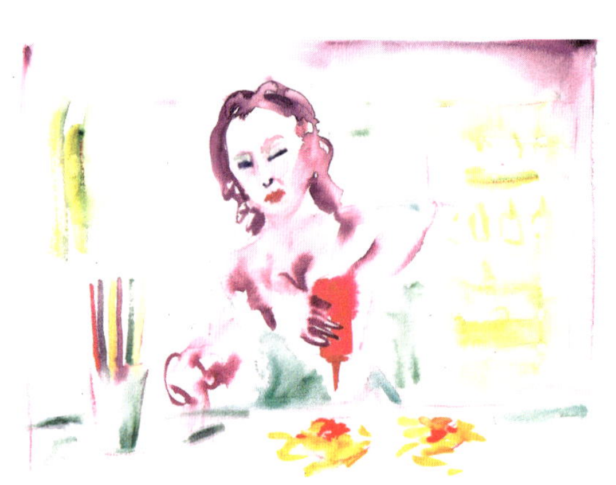
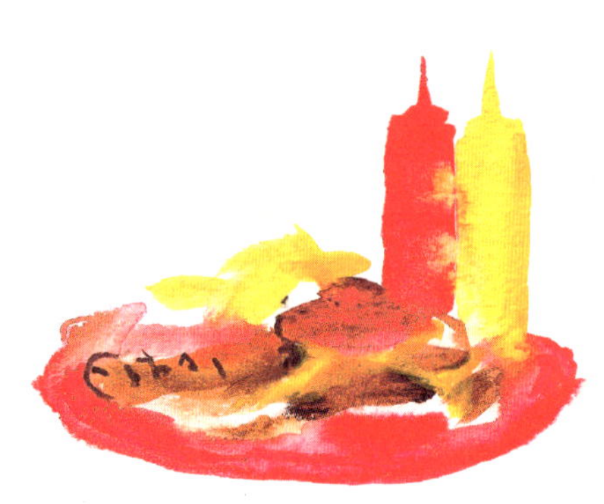
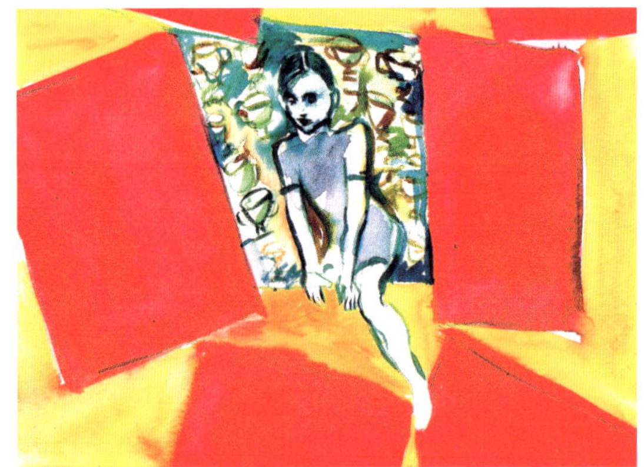
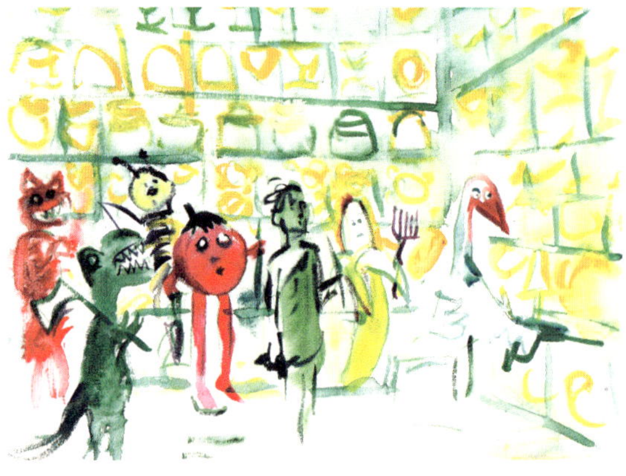

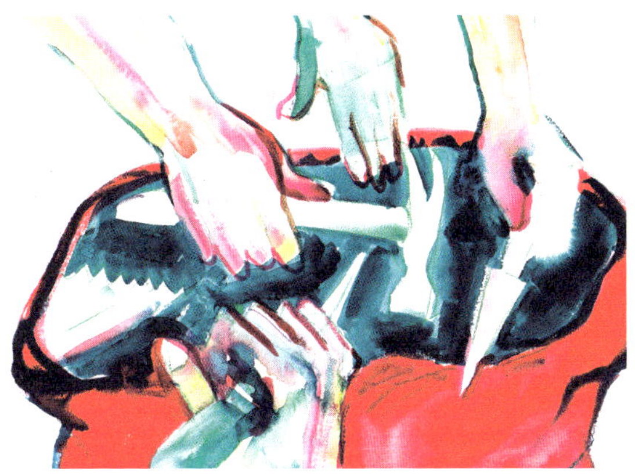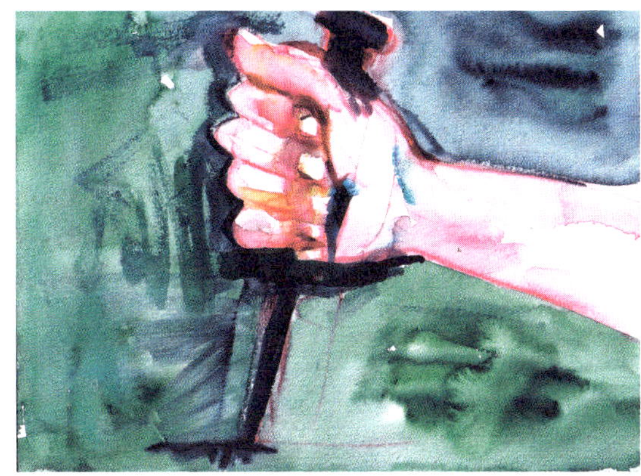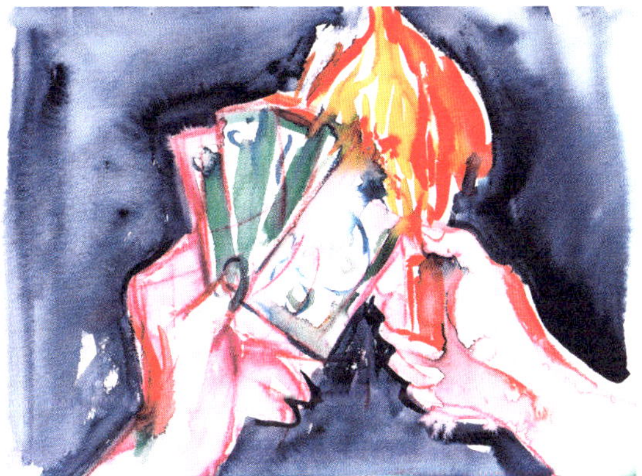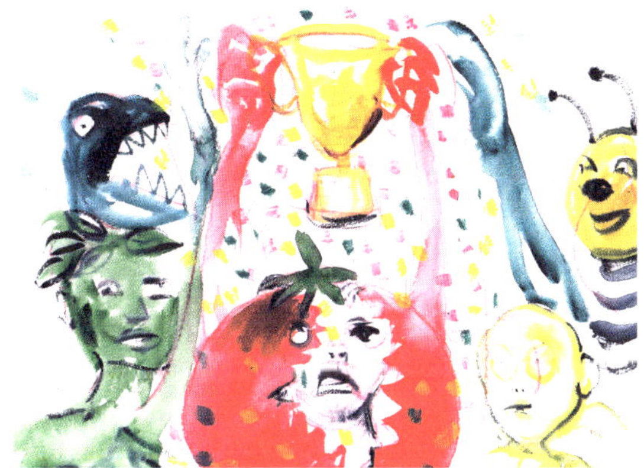

Marianna Simnett, *WINNER*, 2024,
Storyboard in Aquarell / storyboard watercolor

netten älteren Herrn, den sie Old Misery (alter Jammerlappen) nennen. Aus welchen Gründen hast du dich entschieden, diese Geschichte zum Ausgangspunkt für deine Hauptfigur Misery zu nehmen, die die Rolle einer Schiedsrichterin in deiner Arbeit übernimmt? Wie wurde aus dieser Kurzgeschichte die Struktur, auf der du einen Teil der Dynamik spiegelst, die auf dem Fußballfeld stattfindet?

MS: Ich denke, mir war klar, dass ich eine sehr schlichte Geschichte erzählen wollte und Körperbewegung die Handlung tragen sollte. Auch wusste ich, dass keine Dialoge als solche vorkommen sollten. Ich erinnere mich an das Gefühl, das ich Jahre zuvor bei der Lektüre von „Zerstörungswut" hatte. Die Geschichte ist geladen mit einem simplen Akt der Zerstörung, der ebenso grausam wie unnötig ist. Dies war der Anfangsbezug zum Foul und zur neutralen Figur der Schiedsrichterin. Ich stellte infrage, was Neutralität bedeutet, aber auch die Tatsache, dass wir uns heute so häufig gezwungen sehen, uns auf eine Seite zu stellen. Die Figur der Schiedsrichterin ist zugleich Königin und Kommandantin, diejenige, die beim Spiel Regie führt, aber auch diejenige, der es nicht gestattet ist, eine eigene Meinung zu haben. Es ergeben sich zwangsläufig eine Reihe von prismatischen Konstellationen dieser Figur, welche die Entwicklung von Misery beeinflusst haben. Ich fing einfach an, das Stadion als Theaterbühne zu betrachten und die Architektur neu zu gestalten. Daraus ergab sich für mich die Frage: Wer wären meine Hooligans und wer meine Fußballer*innen? Ich dachte: „Es sind die Kinder, die das Haus abreißen." Dann dachte ich über die Kommentator*innen und die Fans nach und mir wurde klar, dass sie teuflische Babys sein müssten, die mit der Stimme einer Diamanda Galás oder Lydia Lunch, eines Stars aus der Goth-Szene, sprechen. Ich bin wohl stark von *Die Brut* und David Cronenberg beeinflusst und all diesen unheimlichen Außenseiter*innen, die in Körpern stecken, die ihnen nicht passen. Die Babys sind Frankenstein-artig, weil sie mit KI zusammengesetzt sind und Stimmen haben,

MS: I love being given complicated spaces—I think I mostly have been in my art career so far—giant rooms with obstacles, pillars and things you cannot really see around. I knew that there was going to be a film at the core of the installation, but that I would like to be able to walk around the piece and experience it as a whole. I wanted to echo the dynamics of the football game itself, where screens switch on and off so that viewers are led to follow along.

It became important not to copycat the garish commercial aesthetic of football, but to bring it back to the body and corporeality.

I ended up stripping back a very excessive, overblown show—first throwing all the eggs into one basket and then throwing them all out again. What we are left with now is quite a simple sounding but complicated to achieve show: a bespoke tunnel that viewers will pass through in order to get to the main space with sound design emulating the drumming feeling of the crowd above you. We will be using music, bass and frequencies that register with the body that you pass through as a rite of passage to see the larger work. And then three LED screens will display the main narrative in three acts, leaning into the aesthetic of a stadium but conversely shot on 16-millimeter film.

Everything is a bit opposite. Everyone is to a certain degree not what they should be. People will be able to sit and watch the films on these podium structures, which are three-tiered, alluding to the hierarchies of winning and losing.

On the sides will be two beautiful resin facades of hot dog stands. That was one of my great joyous moments of going to the games for part of the research, those pre and halftime moments,

die nicht ihre eigenen sind. „Zerstörungswut" war mein roter Faden, etwas, an dem ich alles aufhängen konnte, mit dem ich mich während meiner Recherchen beschäftigt hatte.

SB: Lass uns darüber sprechen, wie du mit dem Raum selbst umgehst. Du musst dich mit einem Ausstellungsraum auseinandersetzen, der ein langgezogenes Rechteck bildet, in dem auch noch Säulen stehen. Von einem Ende her dringt Tageslicht ein und die Decke besteht aus einem Raster aus Glasplatten. Wie stellst du dir die Installation in einem derart herausfordernden Raum vor?

MS: Ich liebe es, mit komplizierten Räumen konfrontiert zu werden. Ich denke, dass ich in der Mehrzahl meiner Ausstellungen mit solchen Herausforderungen zu tun hatte: gigantische Räume mit Hindernissen, Säulen und andere Dinge, die einem die Sicht versperren. Von Anfang an sollte ein Film im Zentrum der Installation stehen, aber ich wollte auch, dass man um die Arbeit herumgehen und sie als ein Ganzes erleben kann. Ich wünschte mir ein Echo der Dynamik eines Fußballspiels, mit Bildschirmen, die an- und ausgehen und die Betrachtenden durch den Raum führen. Dabei wurde es wichtig, nicht die grelle kommerzielle Ästhetik des Fußballs zu kopieren, sondern alles zum Körper und zur Körperlichkeit zurückzuführen. Letztendlich speckte ich eine exzessive, überzogene Show wieder ab – indem ich zunächst alles auf eine Karte setzte und dann alles wieder aus dem Spiel nahm. Was übrig bleibt, ist eine recht schlicht wirkende, aber doch schwierig zu verwirklichende Schau: ein maßgeschneiderter Tunnel, durch den man hindurchmuss, um in den Hauptraum zu gelangen, mit einem Sound-Design, das das trommelnde Gefühl einer Menschenmenge über den Köpfen der Besuchenden nachahmt. Wir werden Musik verwenden, Bässe sowie Frequenzen, welche der Körper damit in Verbindung bringt, einen Initiationsritus zu durchlaufen, um die größere Arbeit zu sehen. Anschließend werden drei LED Bildschirme die Haupterzählung in drei

the moments of congregation outside of the game, when people buy their beer and hot dogs and Currywursts. There will be the Sexy Ladies who live in those stands, who I liken to David Lynch's Lady in the Radiator.

SB: I cannot wait to see the whole work and how the structure of that tale has allowed for a lot of the dynamics inherent in the world of football to be fleshed out without having to be didactic, without having to be literal at all. You created a beautiful storyboard, which is illustrated in this catalog, a remarkable visual translation of all the scenes you are going to shoot. Why is it so important for you to visualize this in watercolor? To what extent, when you start shooting, are you married to that visual that you have in your mind, that came out on the paper? Do you sometimes tear everything apart and let go and create a visual that might not be at all what you thought of through the medium of painting?

MS: I have always struggled with text on a page, it starts to get fuzzy, I cannot look at it anymore, it does not have a soul. I need to create universes, not just for myself, but also my team, which is extensive. The watercolors provide shorthand, efficient methods to convey the nucleus of what I am trying to say without reams of explanation. And yes, I can scrap it, I have scrapped so much of it already, it is a starting point, not an end point.

It is a way to say, first of all, I do not want to remake a 1950s short story set in post-Blitz Britain, as per Graham Greene's original. I try to extricate the stuff I want, and funnel it through the landscape that I am creating. Even though it is a take on a masterful short story, it is just

Akten zeigen, die sich an die Ästhetik eines Stadions anlehnt, aber auf 16-Millimeter-Film gedreht wurde. Alles steht gewissermaßen im Gegensatz zueinander. Die Leute werden auf einer Art Podium sitzen können, um die Filme zu schauen. Die Podien haben drei Ebenen und spielen so auf die Hierarchien von Gewinnen und Verlieren an. Auf beiden Seiten werden jeweils wunderschöne Resin Harz Fassaden von Hot Dog Buden montiert sein. Das war einer der Momente purer Freude, als ich für meine Recherchen Spiele besucht habe: der Moment vor Spielbeginn oder in der Halbzeit, in dem die Menschen außerhalb des Spiels zusammenkommen, Bier kaufen und Würstchen oder Currywurst. In diesen Buden werden die Sexy Ladies leben, die ich mit David Lynchs Lady in the Radiator vergleiche.

SB: Ich kann es kaum erwarten, die fertige Arbeit zu sehen und wie die Struktur der Kurzgeschichte es ermöglich hat, einen Großteil der Dynamik, die sich in der Welt des Fußballs verbirgt, herauszuarbeiten, ohne didaktisch oder prosaisch zu werden. Du hast ein wunderschönes Storyboard geschaffen, das im Katalog abgebildet ist, eine bemerkenswerte visuelle Übersetzung sämtlicher Szenen, die du noch drehen wirst. Warum ist es für dich so wichtig, das in Aquarellfarben zu visualisieren? Inwiefern bist du beim Filmen darauf festgelegt, was du zuvor zu Papier gebracht hast? Zerreißt du manchmal alles und kreierst ein Bild, das ganz und gar nicht dem entspricht, was du im Medium der Malerei konzipiert hast?

MS: Der Text auf dem Papier war immer ein Kampf für mich. Er wird unscharf. Ich kann ihn nicht mehr ansehen. Er hat keine Seele. Ich muss Welten schaffen, nicht nur für mich selbst, sondern auch für mein Team, das recht groß ist. Die Aquarelle bieten eine Art Stenografie, eine zielführende Methode, den Kern dessen zu vermitteln, was ich zu sagen versuche – ohne Unmengen von Erklärungen. Aber ja, ich kann das alles verwerfen; ich habe schon jetzt wieder viel verworfen! Es ist ein

as new and self-imagined. Throughout the process, there are lots of references flying in all the time and the work is just like a body that needs a spine, it needs a skeleton. And that is all it is, it is not a bible.

SB: If the paintings are the skeleton, what is the heart?

MS: That is a hard question. I think the heart is the going beyond. The empassioned love of the ultras, the unified forces of impassioned humans making something bigger than the sum of its parts.

Ausgangspunkt, nicht ein Endpunkt. Die Aquarelle bieten mir eine Möglichkeit zu sagen, dass ich zu allererst keine Neuinterpretation einer Kurzgeschichte aus den 1950er-Jahren schaffen will, die im England nach den Bombardierungen spielt, wie in Graham Greenes Original. Ich versuche das herauszuziehen, was mir wichtig ist, und es durch die Landschaft zu transportieren, die ich erschaffe. Auch wenn ich eine meisterhafte Kurzgeschichte aufgreife, so handelt es sich doch um etwas Neues und von mir Erdachtes.

Während des gesamten Prozesses fließen die ganze Zeit unterschiedliche Bezüge hinein, und die Arbeit ist wie ein Körper, der eine Wirbelsäule braucht, er benötigt ein Skelett. Und nur das ist es, es ist keine Bibel.

SB: Wenn die Malereien das Skelett sind, was ist dann das Herz?

MS: Das ist eine schwierige Frage. Ich glaube, das Herz besteht darin, darüber hinaus zu gehen. Die leidenschaftliche Liebe der Ultras, die vereinten Kräfte passionierter Menschen, die etwas schaffen, das größer ist als die Summe seiner Teile.

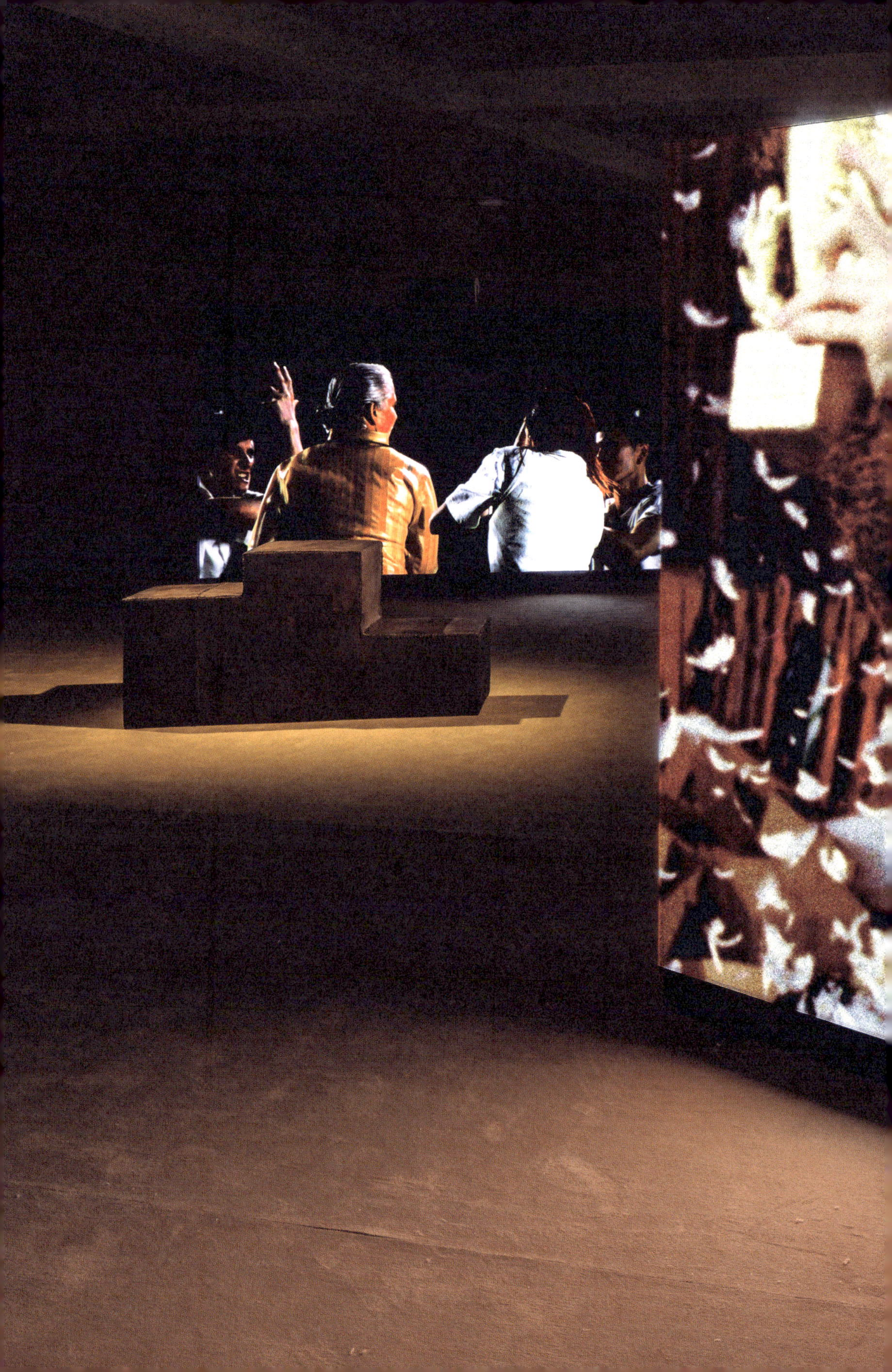

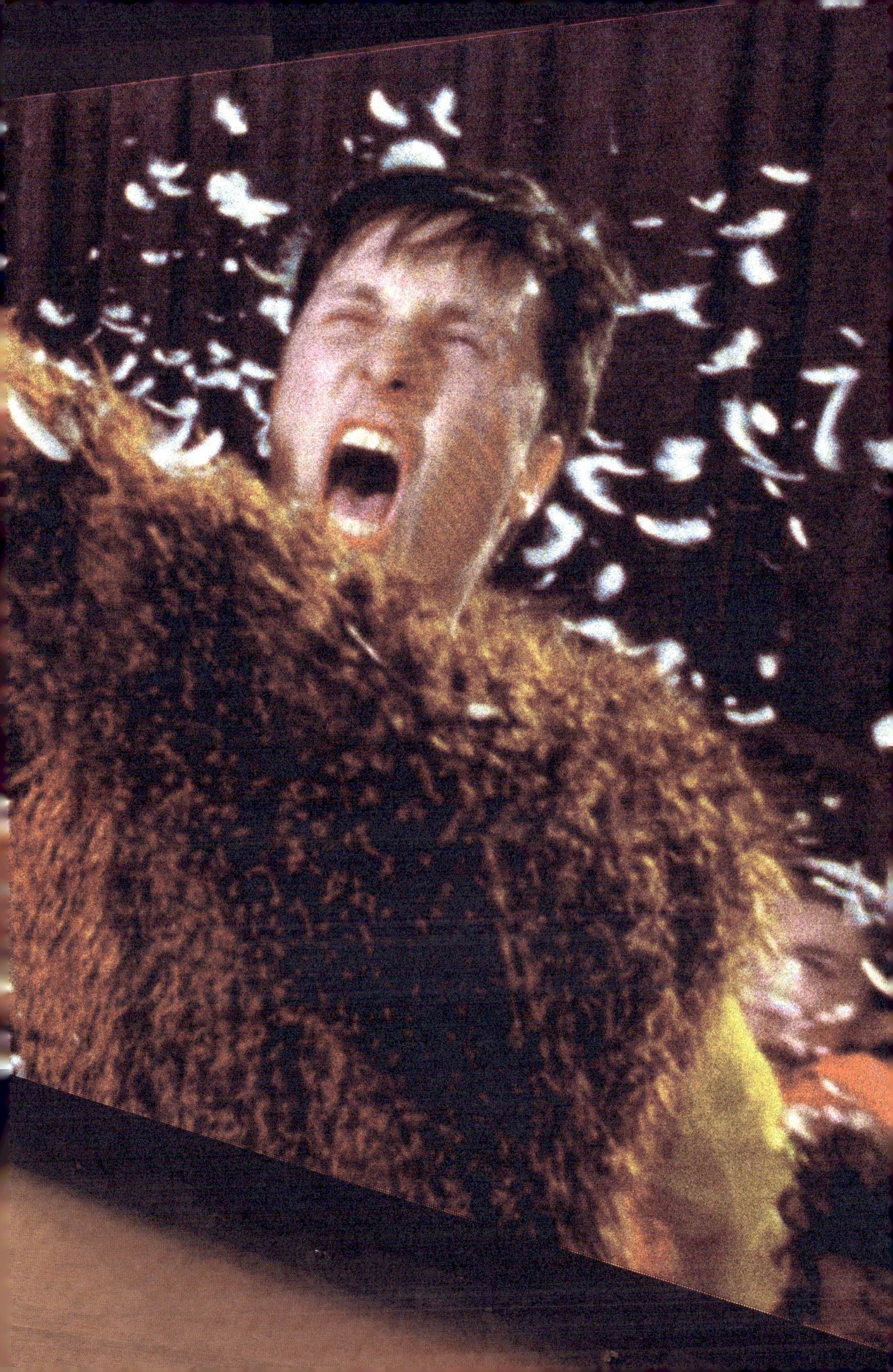

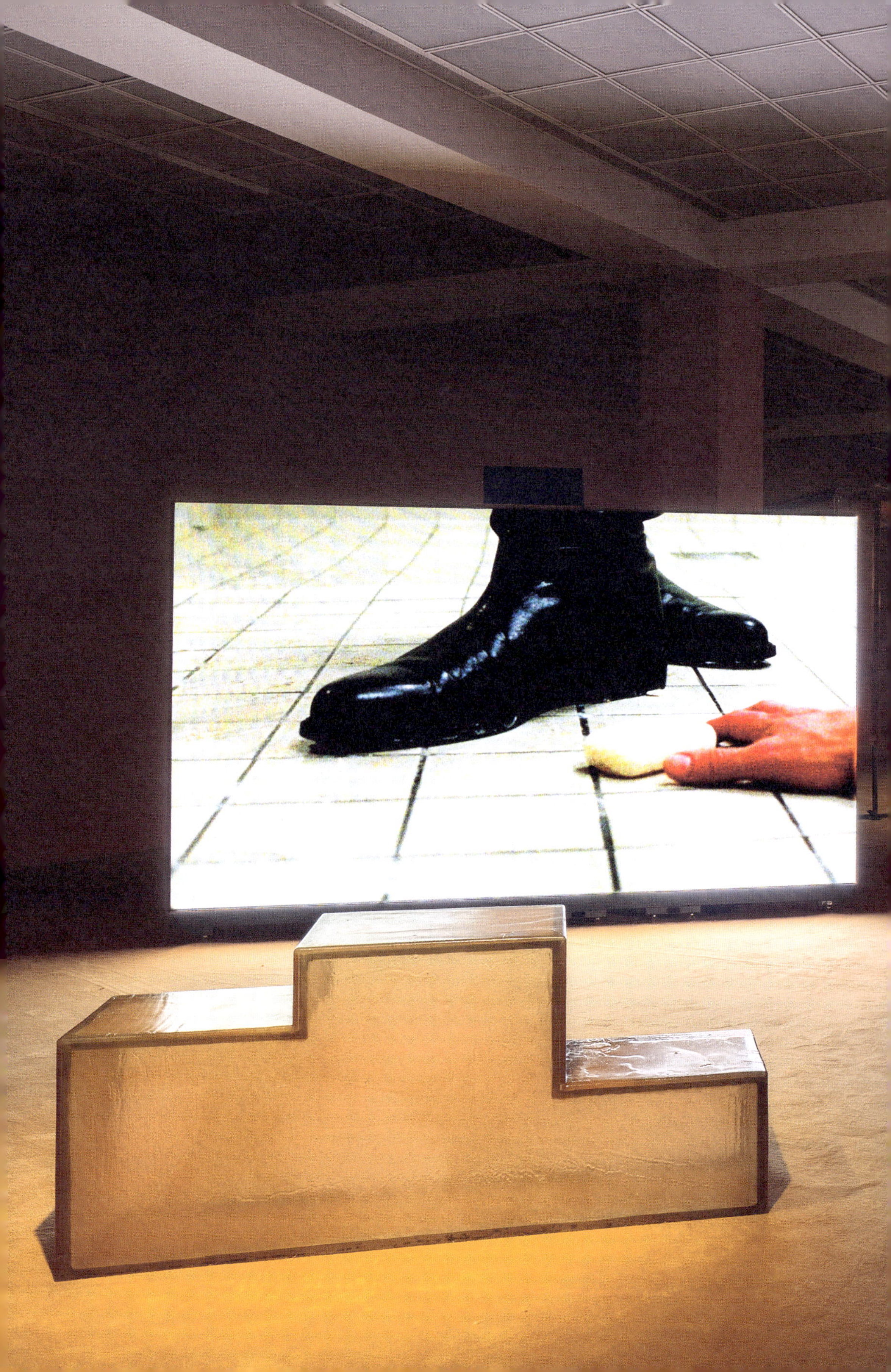

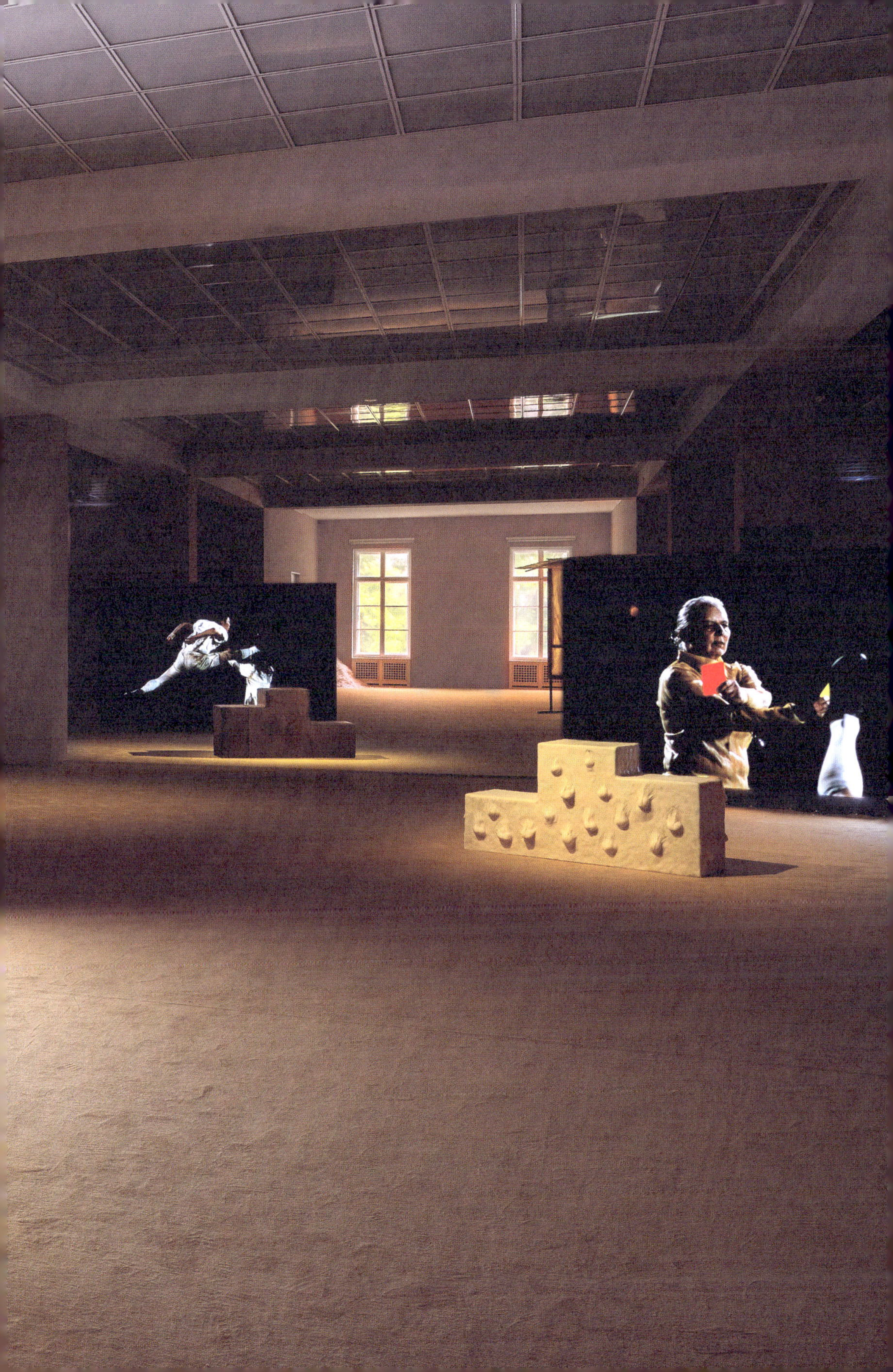

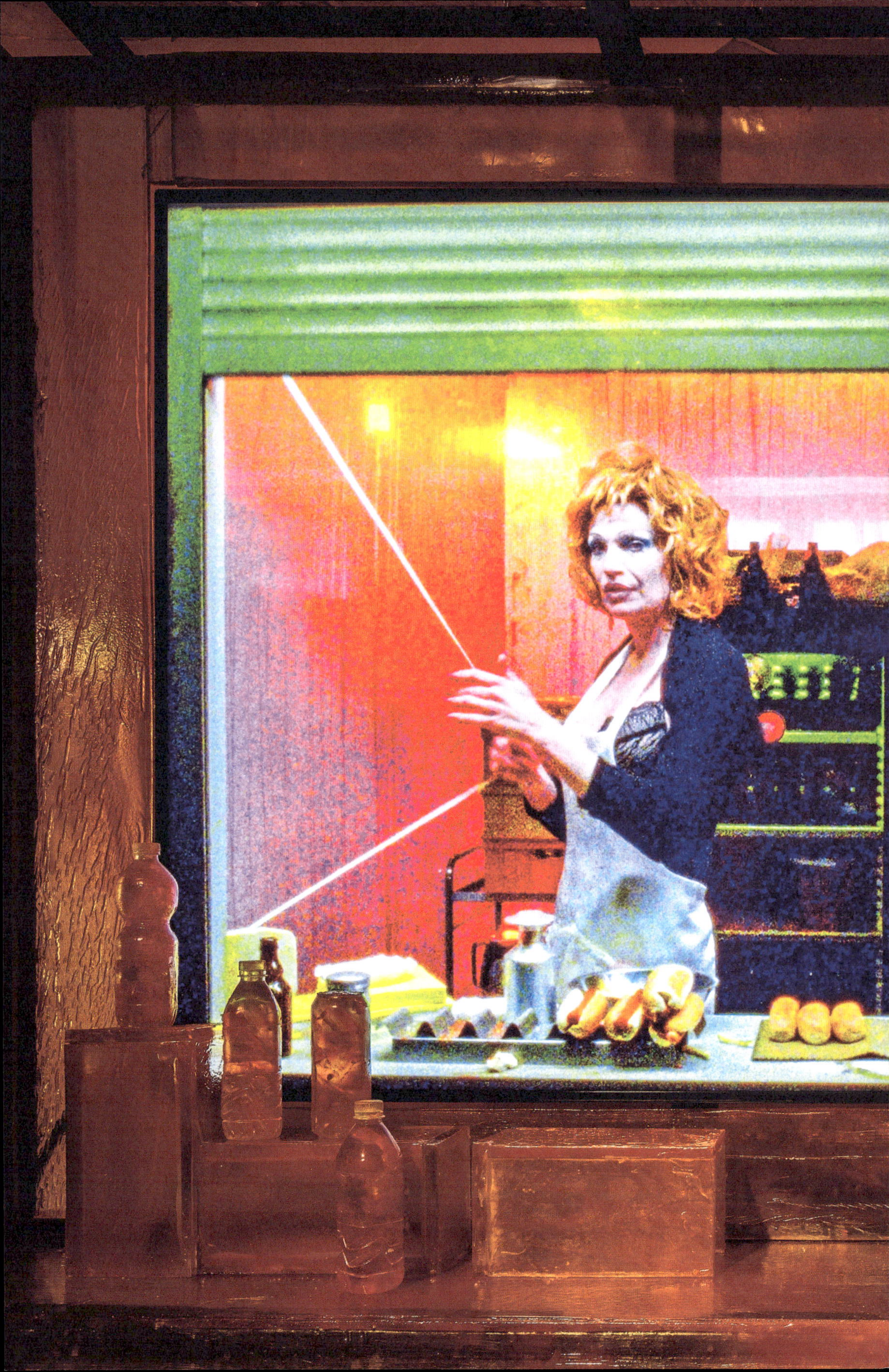

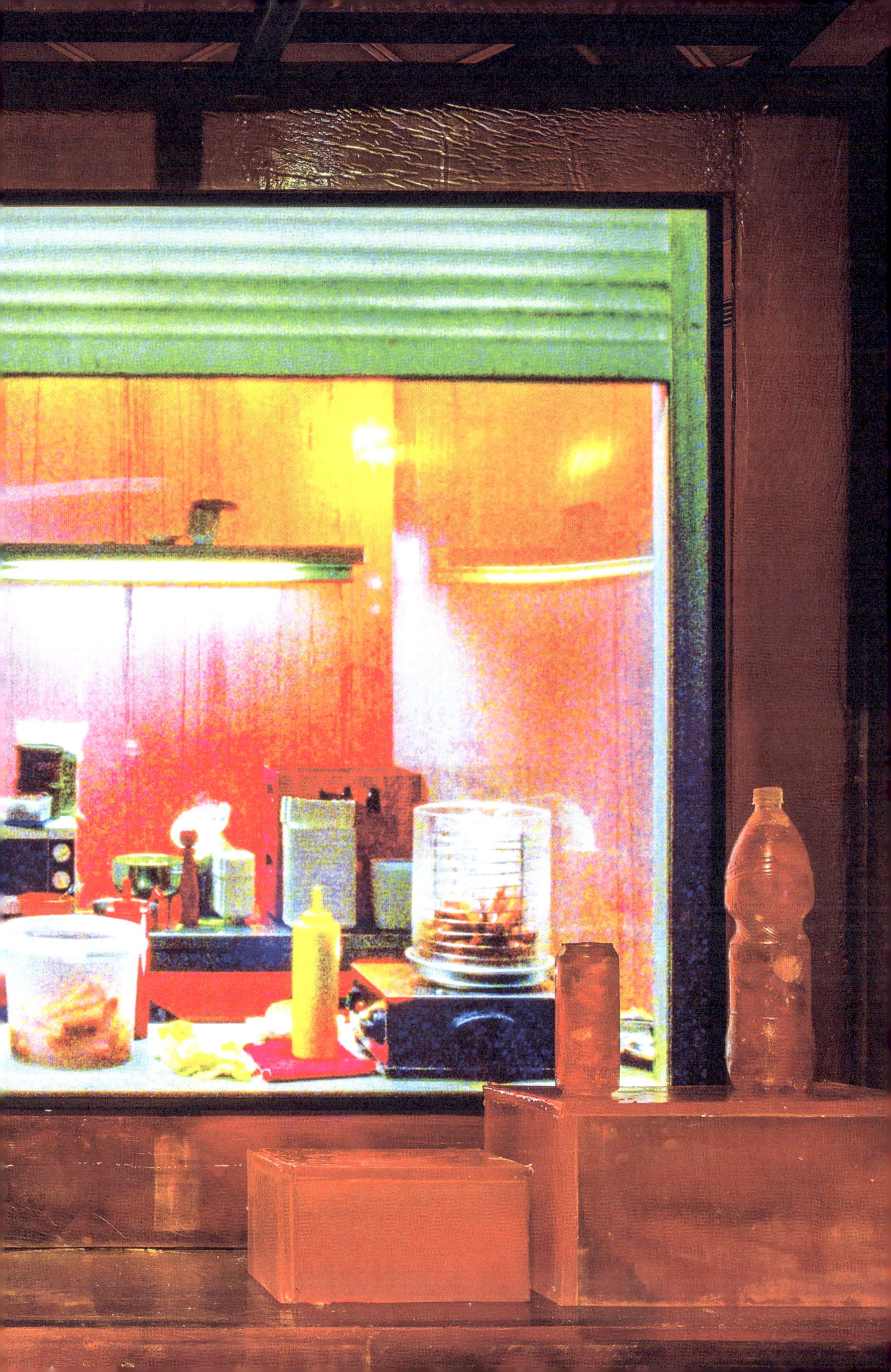

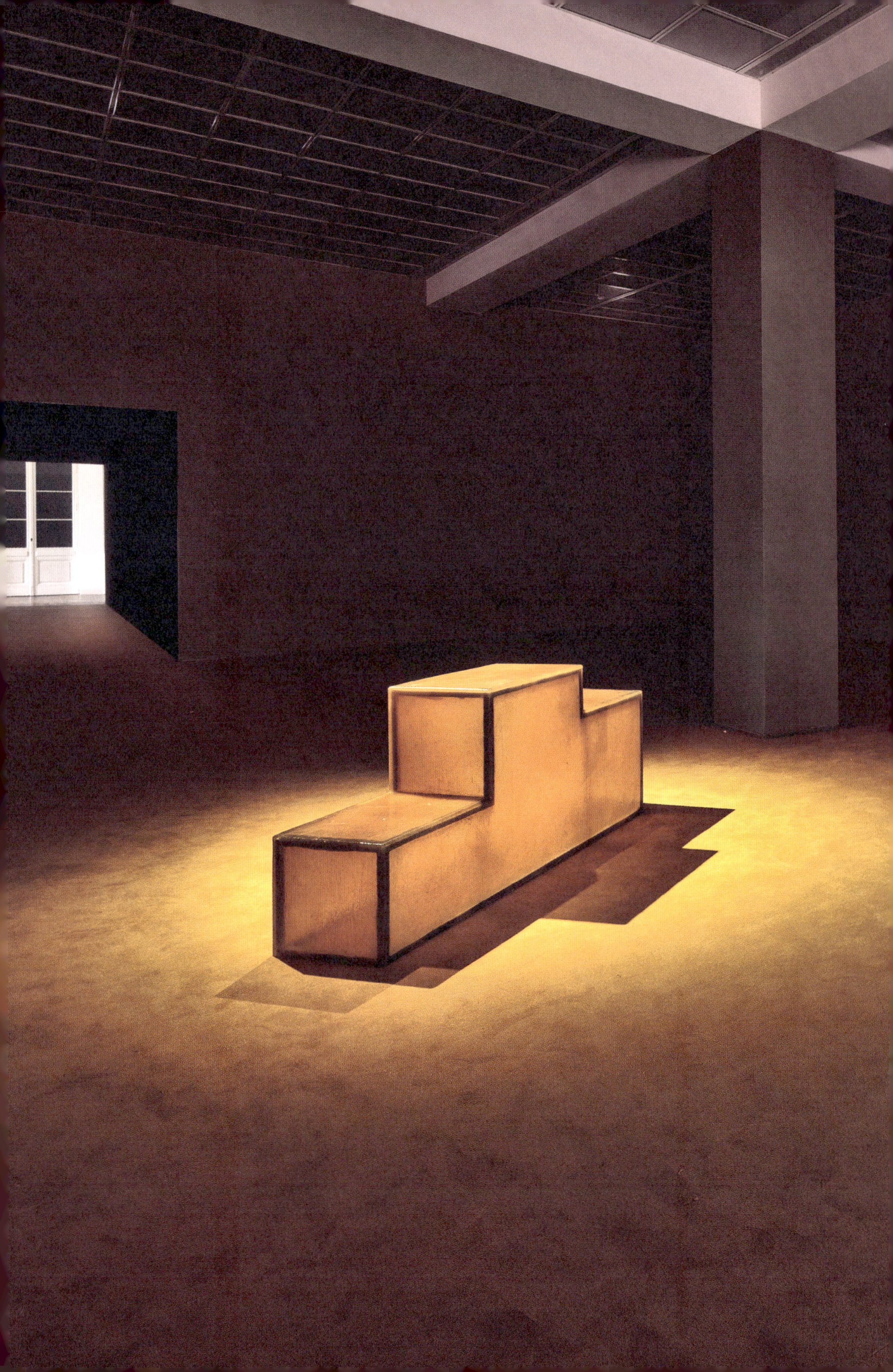

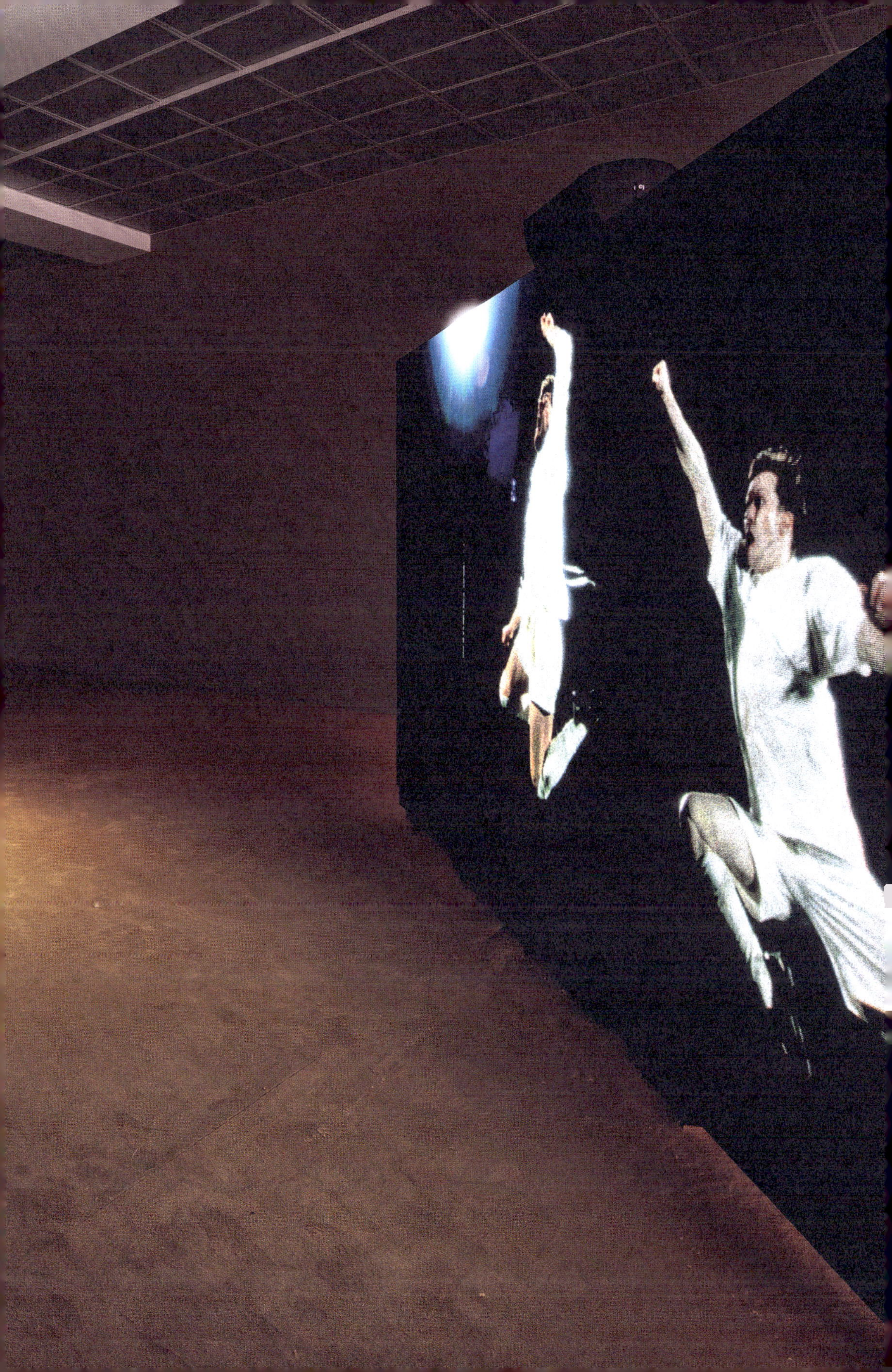

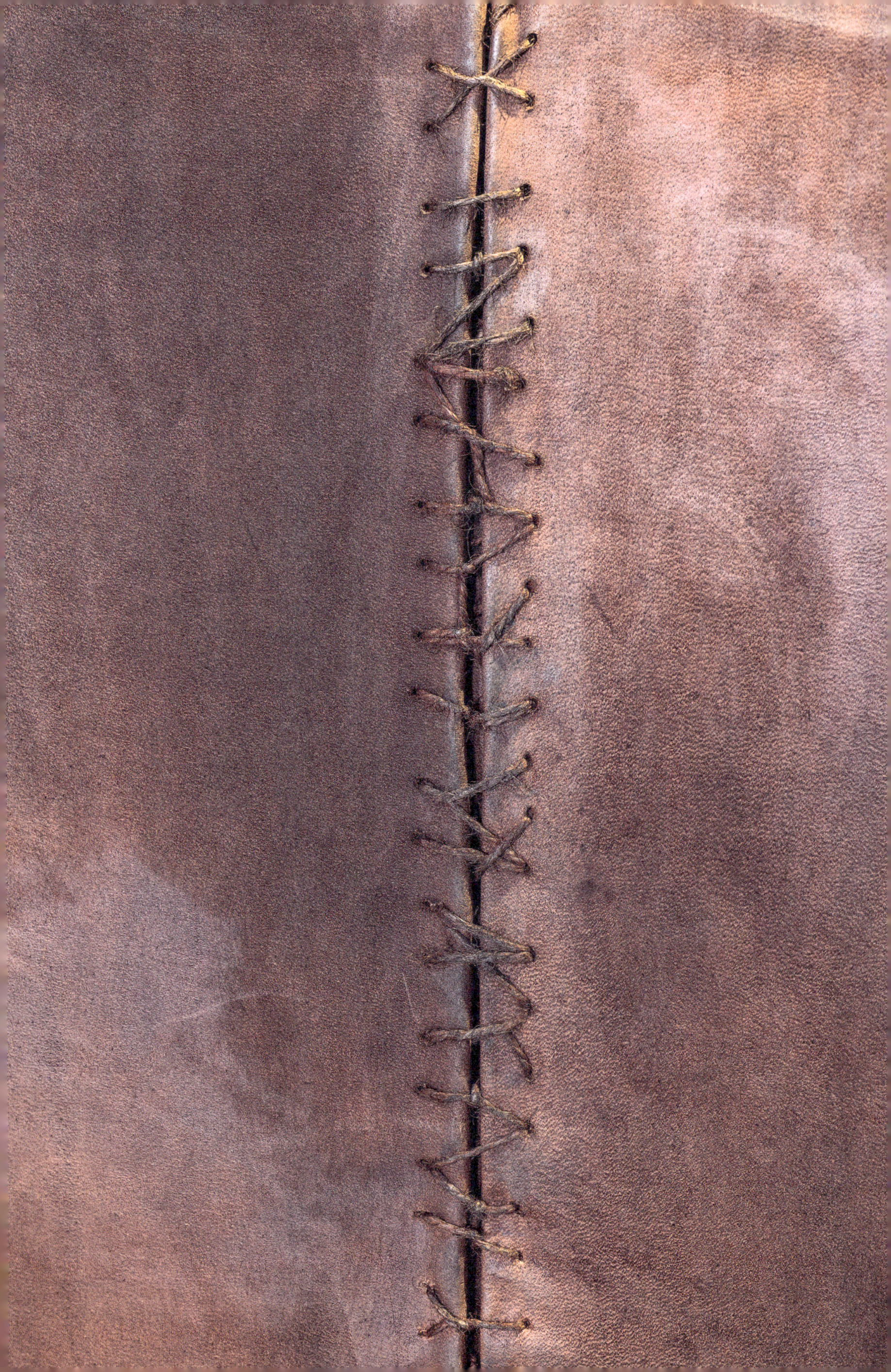

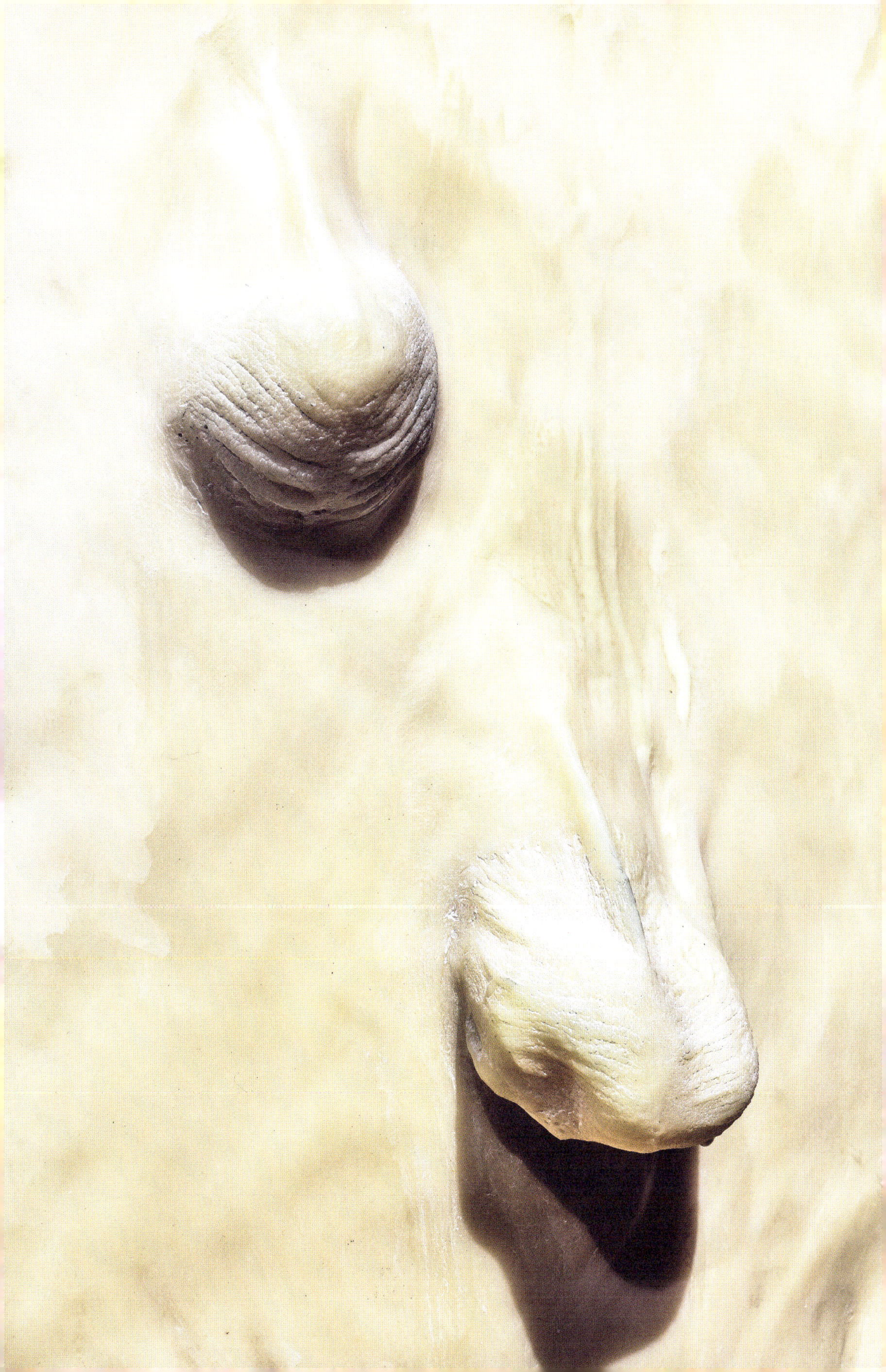

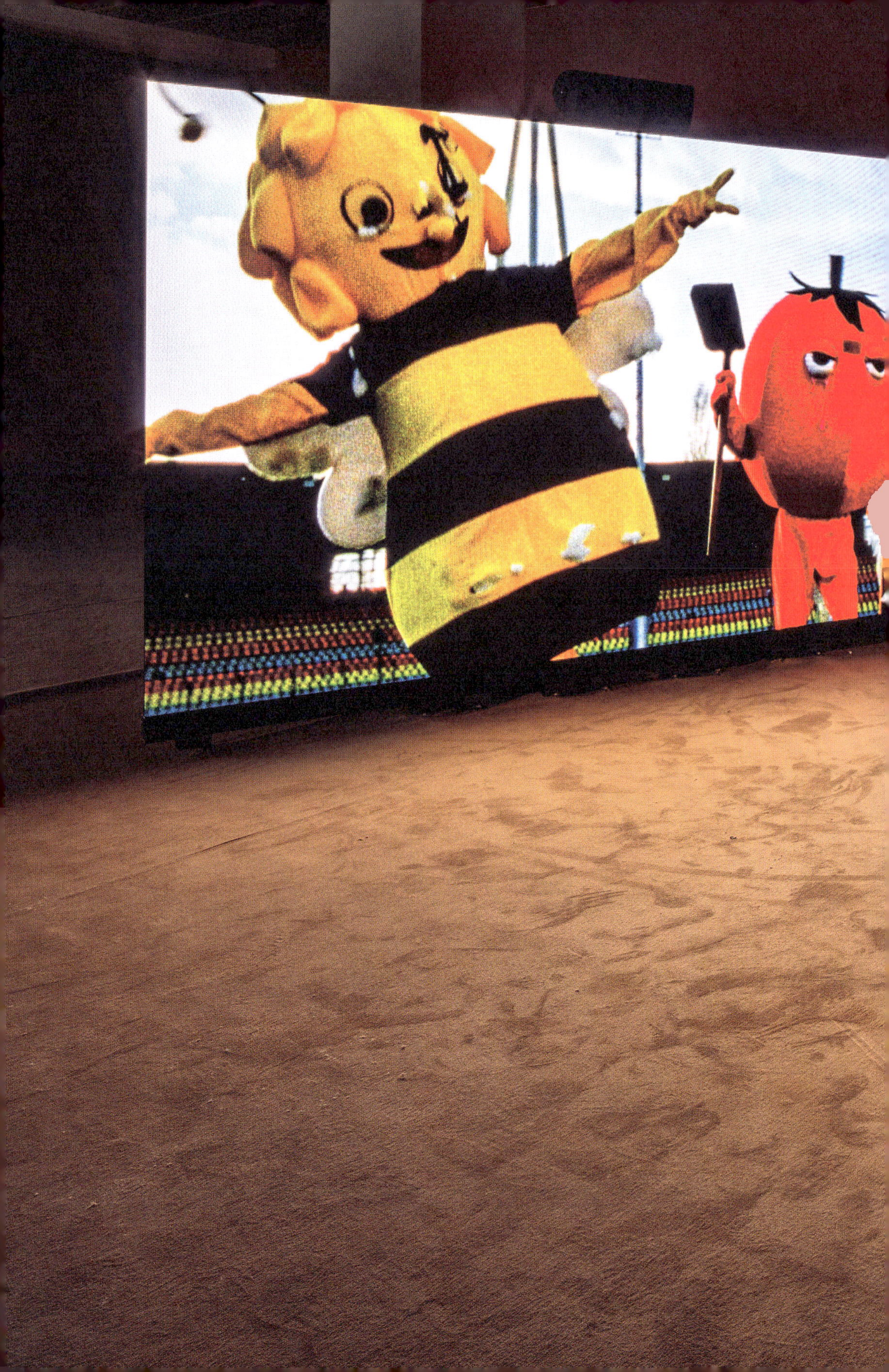

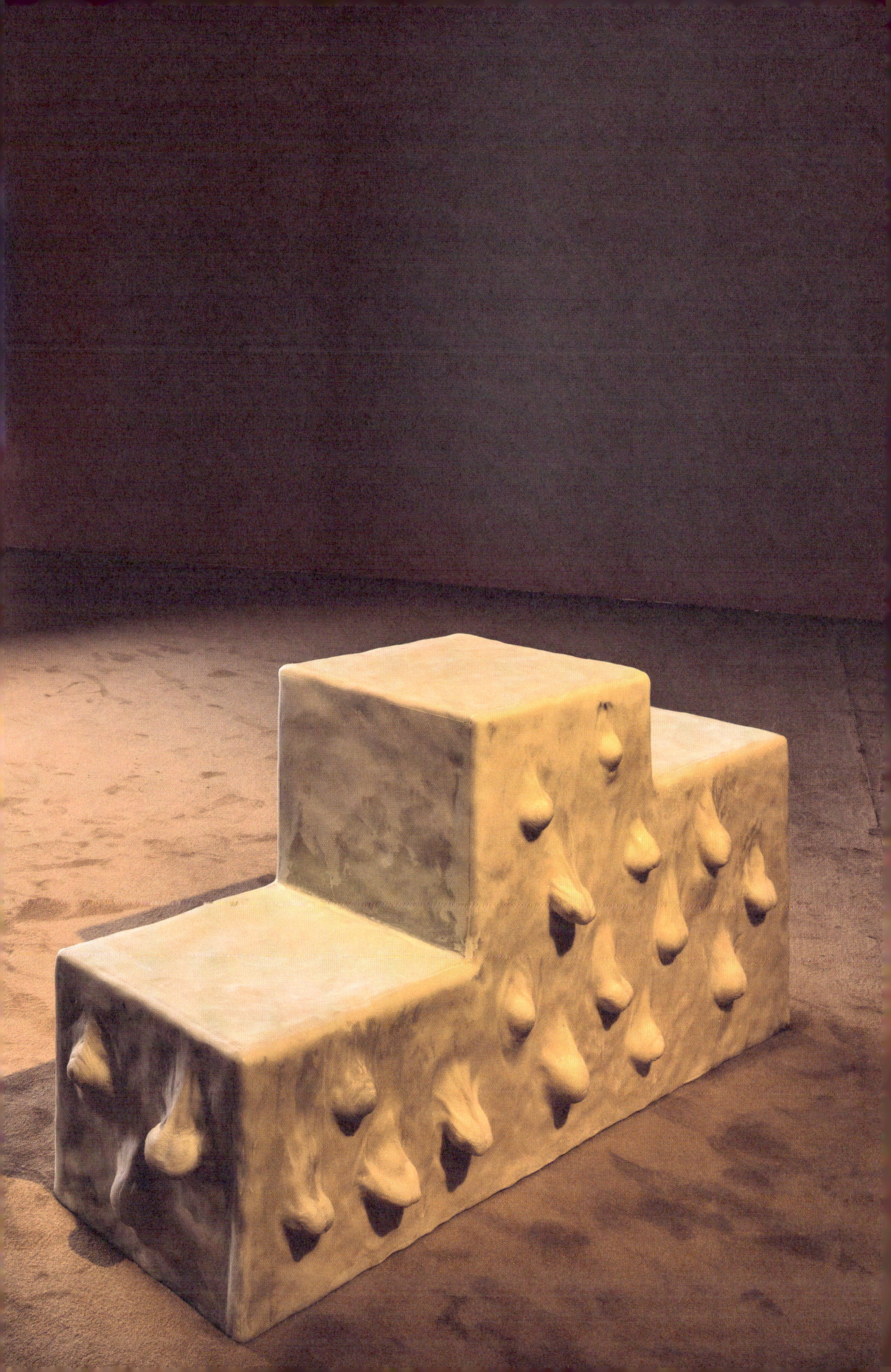

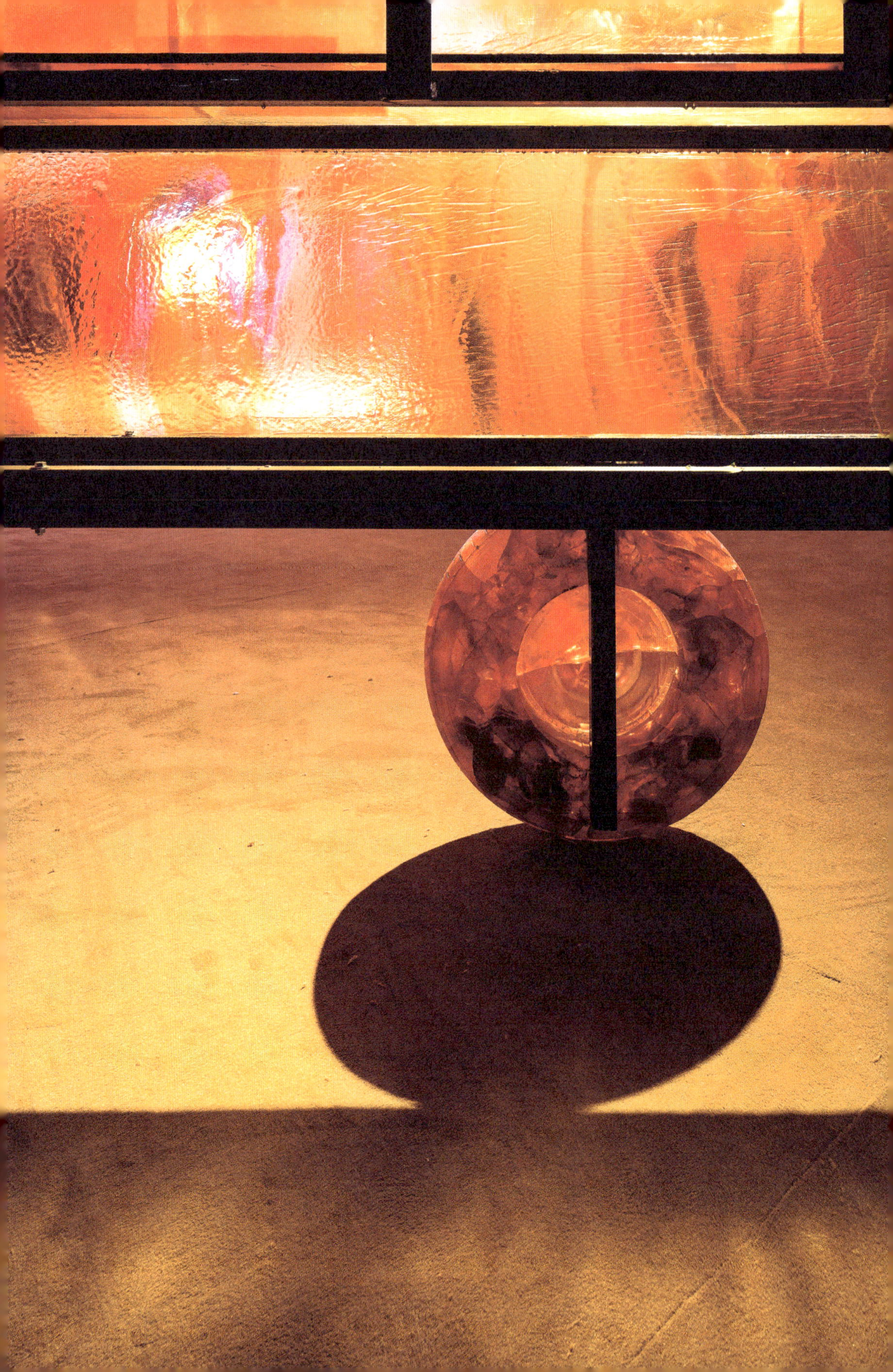

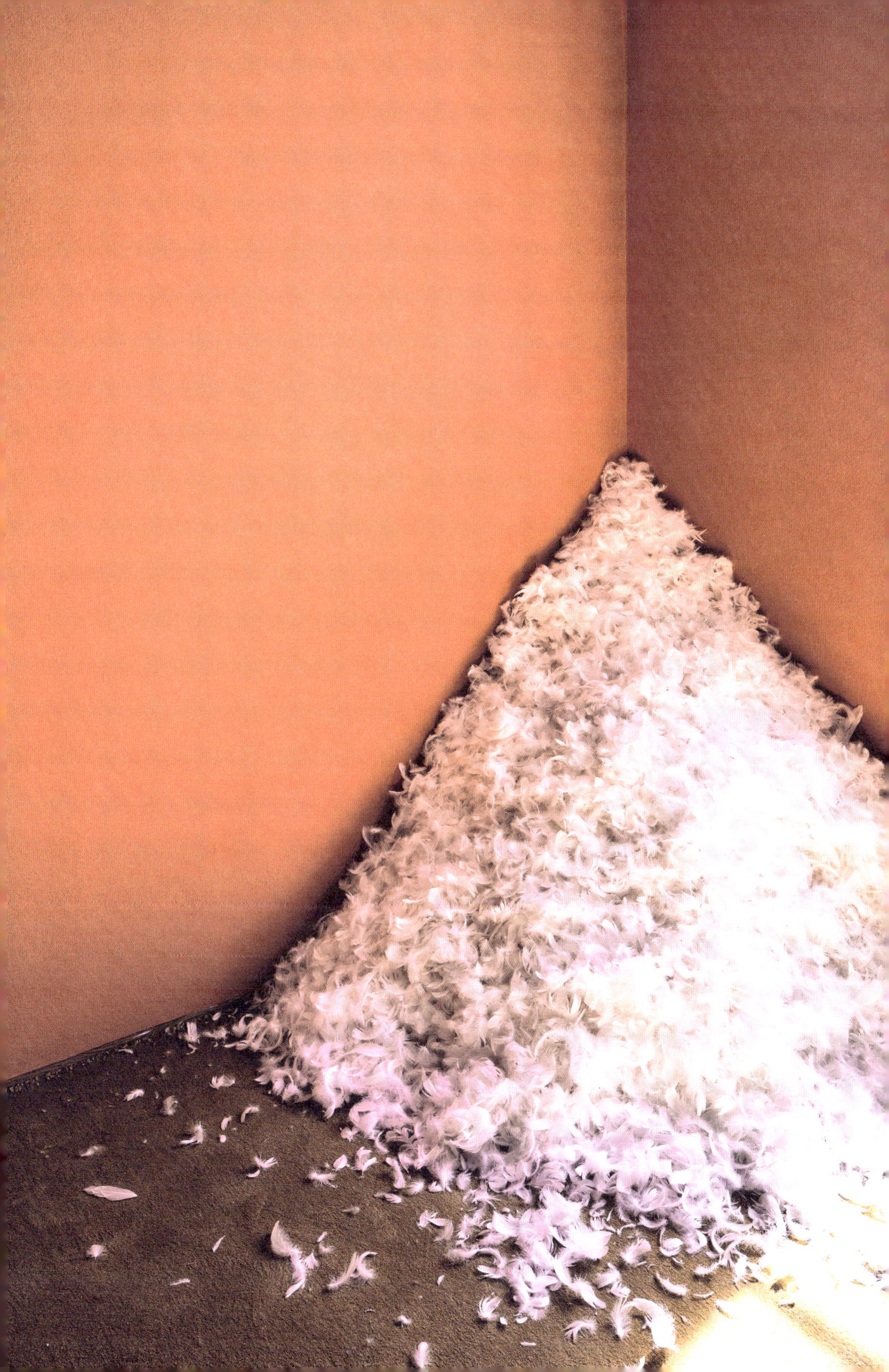

Zerstörungswut / The Destructors

Graham Greene

Prolog
Eine Anmerkung des Enkels
des Autors /
A Note from the Grandson
of the Author
Jonathan A. Bourget

Graham Greene gilt als einer der einflussreichsten britischen Schriftsteller des 20. Jahrhunderts. Mein Großvater besaß die bemerkenswerte Gabe, geopolitische, gesellschaftliche, ja sogar religiöse Konflikte von mehreren Standpunkten aus betrachten zu können: In seinem Roman *Die Kraft und die Herrlichkeit* (*The Power and The Glory*, 1940; dt. 1947/1948) zeugt ein Whisky trinkender katholischer Priester seinem Zölibatsgelübde zuwider ein Kind. Dennoch ist er unter den Hauptfiguren des Buches die Heiligengestalt. In *Brighton Rock* (1938; dt. 1948) ist es fast unmöglich, keine Sympathie für den mordenden Soziopathen Pinkie zu verspüren, wenn dieser sich bemüht, sich selbst vor dem zu bewahren, der er eigentlich ist.

Graham Greene is often referred to as one of the most influential British authors of the 20th century. My grandfather had a striking ability to see geopolitical, societal, moral, or even religious conflicts from many sides: In *The Power and The Glory* (1940) a catholic whisky-drinking priest fathers a child against his vows of celibacy, yet he is the saint amongst the protagonists of the book. In *Brighton Rock* (1938), it is almost impossible not to feel sympathy for the murderous sociopath Pinkie, as he tries to save himself from who he really is.

Graham's works remain eerily topical. When I consider the situation in Haiti today, I hear echoes of the events described in *The Comedians* (1966). In *The Quiet American* (1955), he denounces CIA's covert operations in Indochina,

Grahams Werke bleiben auf geradezu unheimliche Weise hochaktuell. Betrachte ich die heutige Lage in Haiti, so vernehme ich den Widerhall dessen, was in *Die Stunde der Komödianten* (*The Comedians*, 1966) beschrieben ist. In *Der Stille Amerikaner* (*The Quiet American*, 1955; dt. 1956) prangert Graham die Geheimoperationen der CIA in Indochina an, die er als gefährlich destabilisierende Einmischung sah, welche – wie er bekanntermaßen prophezeite – zu einem verheerenden Krieg in Vietnam führen könnte.

Seine differenzierte Sicht der Welt wird auch in seinen Kurzgeschichten offenkundig. In „Zerstörungswut" („The Destructors", 1954; dt. 1966) macht sich eine Gruppe von Jungen einen Spaß daraus, das letzte Haus zu zerstören, das nach den deutschen Bombardements auf London im Zweiten Weltkrieg noch stehen geblieben war. Die Kinder, die in einer Welt am Rande des Chaos sich selbst überlassen sind, verwirklichen ihr Vorhaben mit Akribie und geradezu künstlerischem Eifer, denn wie Graham schreibt: „letzten Endes ist auch die Zerstörung eine Art Schöpfung."

In Marianna Simnetts Ausstellung *WINNER*, die auf Motiven von „Zerstörungswut" aufbaut, wird die Handlung vom ausgebombten Parkplatz auf einen Fußballplatz verlegt, wo der ‚Cock Squad' fest entschlossen ist, das aus gelben und roten Karten bestehende Haus einer Schiedsrichterin im Ruhestand zu zerstören. Simnett stellt hier sowohl den Gemeinschaftssinn als auch das Potenzial zu gewalttätigem Gruppendenken heraus, das dem Fußball latent innewohnt; und sie macht deutlich, wie mitunter Sinn aus Chaos entsteht – im Fußball wie im richtigen Leben.

viewed by him as a dangerously destabilizing interference which could, as he famously foretold, lead to a catastrophic war in Vietnam.

This nuanced approach to the world is also evident in his short fiction. In "The Destructors" (1954), a group of young boys makes a sport of dismantling the last house standing after the London Blitz. The children, abandoned in a world balancing on the brink of chaos, perform this task meticulously and with almost artistic fervor, for as Graham writes: "Destruction is a form of creation."

In Marianna Simnett's *WINNER*, which builds on some of the themes explored in "The Destructors," the action takes place on a football pitch rather than a bombed-out carpark, where The Cock Squad is intent on destroying a retired football referee's house of red and yellow cards. Here Simnett teases out both the sense of community and the capacity for violent groupthink latent within the game, showing how sometimes, meaning is created through chaos, in football as well as life.

1

Am Vorabend des Bankfeiertags im August wurde der jüngste Rekrut zum Anführer der Bande von Wormsley Common. Niemand war davon überrascht außer Mike; aber Mike mit seinen neun Jahren war von allem überrascht. „Wenn du dein Maul nicht zuklappst", sagte einmal jemand zu ihm, „dann wird dir ein Frosch hineinhüpfen." Danach hatte Mike stets die Zähne fest zusammengebissen, außer wenn sein Erstaunen übermächtig geworden war.

Der neue Rekrut war seit Beginn der Sommerferien Mitglied der jugendlichen Bande gewesen, und sein brütendes Schweigen barg Möglichkeiten, die von allen anerkannt wurden. Er verschwendete nie ein Wort, nicht einmal, um seinen Namen zu nennen, bis dies die Regeln von ihm verlangten. Als er dann „Trevor" sagte, war das die Feststellung einer Tatsache, und nicht, wie es bei anderen gewesen wäre, eine Äußerung der Scham oder des Trotzes. Es lachte auch niemand mit Ausnahme von Mike über den hochtrabenden Namen, und Mike, der bei den anderen keinen Rückhalt fand, machte nur den Mund auf und verstummte sofort, als sein Blick dem düsteren des Neuankömmlings begegnete. Es hätte genug Gründe gegeben, weshalb T., wie er später genannt wurde, zum Gegenstand des Spottes werden sollte – da war zunächst sein Name (und sie setzten dafür den Anfangsbuchstaben, weil sie sonst keine Entschuldigung dafür gefunden hätten, dass sie nicht darüber lachten); ferner die Tatsache, dass sein Vater, ehemals Architekt und jetzt Buchhalter, „bessere Tage gesehen" hatte, und dass seine Mutter sich über ihre Nachbarn erhaben dünkte. Was war es dann, wenn nicht eine seltsame Ausstrahlung von Gefahr, des Unberechenbaren, was seine Stellung innerhalb der Bande ohne irgendeine entwürdigende Einweihungszeremonie begründete?

Jeden Morgen traf sich die Bande auf einem notdürftig eingeebneten Parkplatz; hier hatte die letzte Bombe des ersten Luftangriffs eingeschlagen. Der Anführer, der unter dem Namen Blackie bekannt war, behauptete, er habe sie fallen hören, und niemand wusste in der Zeitrechnung gut genug Bescheid, um ihm nachweisen zu können, dass er damals ein Jahr

1

It was on the eve of August Bank Holiday that the latest recruit became the leader of the Wormsley Common gang. No one was surprised except Mike, but Mike at the age of nine was surprised by everything. "If you don't shut your mouth," somebody once said to him, "you'll get a frog down it." After that Mike had kept his teeth tightly clamped except when the surprise was too great.

The new recruit had been with the gang since the beginning of the summer holidays, and there were possibilities about his brooding silence that all recognized. He never wasted a word even to tell his name until that was required of him by the rules. When he said "Trevor" it was a statement of fact, not as it would have been with the others a statement of shame or defiance. Nor did anyone laugh except Mike, who finding himself without support and meeting the dark gaze of the newcomer opened his

alt gewesen wäre und auf einem Bahnsteig der U-Bahnstation Wormsley Common fest geschlafen hätte. Auf der einen Seite des Parkplatzes stand ganz schräg das erste bewohnte Haus, Nummer 3, der von Bomben zerstörten Northwood Terrace – es stand buchstäblich ganz schräg, denn es hatte unter dem Luftdruck gelitten, und seine Seitenmauern waren mit Holzbalken abgestützt worden. Eine kleinere Bombe und etliche Brandbomben waren dahinter niedergegangen, so dass das Haus wie ein zackiger Zahn emporragte und an seiner Hinterwand Überreste des Nachbarhauses trug – ein Stück einer tapezierten Wand, die Trümmer eines offenen Kamins. T., dessen Äußerungen sich fast ausschließlich auf „ja" oder „nein" bei den Abstimmungen über die Operationspläne der Bande beschränkten, die täglich von Blackie vorgeschlagen wurden, verblüffte einmal die ganze Meute, indem er düster sagte: „Wren erbaute dieses Haus, behauptet mein Vater."

„Wer ist Wren?"

„Der Erbauer der St.-Pauls-Kathedrale."

„Ist doch schnuppe", erwiderte Blackie; „es gehört bloß dem ‚alten Jammerlappen'"

„Der alte Jammerlappen" – sein richtiger Name lautete Thomas – war einstmals Baumeister und Anstreicher gewesen. Er lebte allein in seinem wackeligen Haus und führte sich selbst den Haushalt. Einmal in der Woche konnte man ihn mit Brot und Gemüse über die Gemeindewiese kommen sehen, und als die Jungen einmal auf dem Parkplatz spielten, streckte er den Kopf über die beschädigte Mauer seines Gartens und beobachtete sie.

„Er war im Klo", meinte einer der Burschen, denn es war allgemein bekannt, dass seit dem ersten Bombenangriff die Rohrleitungen des Hauses nicht mehr in Ordnung waren, und dass der „alte Jammerlappen" viel zu geizig war, auf seinen Hausbesitz Geld aufzuwenden. Die Bau- und Malerarbeiten konnte er zum Selbstkostenpreis ausführen, aber Installationsarbeiten hatte er nie gelernt. Die Toilette war eine Holzhütte am Ende des schmalen Gartens und hatte ein sternförmiges Loch in der Tür. Sie war dem Luftdruck entronnen, der das Nachbarhaus vernichtet und die Fensterrahmen des

mouth and was quiet again. There was every reason why T., as he was afterward referred to, should have been an object of mockery—there was his name (and they substituted the initial because otherwise they had no excuse not to laugh at it), the fact that his father, a former architect and present clerk, had "come down in the world" and that his mother considered herself better than the neighbors.

What but an odd quality of danger, of the unpredictable, established him in the gang without any ignoble ceremony of initiation?

The gang met every morning in an impromptu car park, the site of the last bomb of the first blitz. The leader, who was known as Blackie, claimed to have heard it fall, and no one was precise enough in his dates to point out that he would have been one year old and fast asleep on the down platform of Wormsley Common Underground Station. On one side of the car park leaned the first occupied house, number 3, of the shattered Northwood Terrace—literally leaned, for it had suffered from the blast of the bomb and the side walls were supported on wooden struts. A smaller bomb and some incendiaries had fallen beyond, so that the house stuck up like a jagged tooth and carried on the further wall relics of its neighbor, a dado, the remains of a fireplace. T., whose words were almost confined to voting "Yes" or "No" to the plan of operations proposed each day by Blackie, once startled the whole gang by saying broodingly, "Wren built that house, father says."

"Who's Wren?"

"The man who built St. Paul's."

"Who cares?" Blackie said. "It's only Old Misery's."

Old Misery—whose real name was Thomas—had once been a builder and decorator. He lived alone in the crippled house, doing for himself: Once a week

Hauses Nr. 3 aus den Mauem gerissen hatte.

Die nächste Begegnung, die die Bande mit Mr. Thomas hatte, war überraschender. Blackie, Mike und ein magerer, gelbhäutiger Junge, der aus irgendeinem Grunde mit seinem Familiennamen Summers gerufen wurde, trafen ihn auf der Gemeindewiese, als er eben vom Markt heimkehrte. Mr. Thomas hielt die Jungen an. Mit dumpfer Stimme sagte er:

„Ihr gehört wohl zu dem Haufen, der immer auf dem Parkplatz spielt?"

Mike wollte ihm schon antworten, als Blackie ihn daran hinderte. Als Anführer hatte er seine Verpflichtungen. „Und wenn wir dazugehören?" fragte er zweideutig.

„Ich habe da Schokoladebonbons", erwiderte Mr. Thomas. „Ich mag sie selbst nicht. Da sind sie. Für alle werden sie freilich nicht langen. Es ist nie genug für alle", fügte er mit trauriger Überzeugung hinzu. Damit überreichte er ihnen drei Päckchen Smarties.

Die Bande war durch seine Handlungsweise verblüfft und beunruhigt und suchte dafür eine harmlose Erklärung. „Ich wette, jemand verlor sie unterwegs, und er hat sie aufgelesen", sagte einer der Jungen.

„Geklaut hat er sie, und dann hat er es mit der Angst zu tun gekriegt", dachte ein anderer laut.

„Bestechen will er uns damit", rief Summers aus. „Er will erreichen, dass wir unsern Ball nicht mehr gegen seine Mauer werfen."

„Wir werden ihm zeigen, dass wir uns nicht bestechen lassen", erklärte Blackie, und dann opferten sie den ganzen Vormittag einem Spiel, das nur Mike, dem Jüngsten, noch Vergnügen machte: sie warfen den Ball gegen die Wand. Von Mr. Thomas war jedoch nichts zu sehen.

Am nächsten Tag versetzte T. sie alle in Staunen. Er kam zu spät zu ihrem Treffpunkt, und die Abstimmung über das Unternehmen des Tages ging ohne ihn vonstatten. Auf Blackies Vorschlag sollte sich die Bande in Gruppen zu zweien verteilen, aufs Geratewohl Autobusse besteigen und trachten, möglichst viele Schwarzfahrten zu machen (in Paaren sollten sie ausziehen, um jeden Schwindel auszuschließen). Eben losten sie ihre jeweiligen Gefährten aus, als T. auftauchte.

you could see him coming back across the common with bread and vegetables, and once as the boys played in the car park he put his head over the smashed wall of his garden and looked at them.

"Been to the loo," one of the boys said, for it was common knowledge that since the bombs fell something had gone wrong with the pipes of the house and Old Misery was too mean to spend money on the property. He could do the redecorating himself at cost price, but he had never learned plumbing. The loo was a wooden shed at the bottom of the narrow garden with a star-shaped hole in the door: It had escaped the blast which had smashed the house next door and sucked out the window frames of number 3.

The next time the gang became aware of Mr. Thomas was more surprising. Blackie, Mike, and a thin yellow boy, who for some reason was called by his surname Summers, met him on the common coming back from the market. Mr. Thomas stopped them. He said glumly, "You belong to the lot that play in the car park?"

Mike was about to answer when Blackie stopped him. As the leader he had responsibilities. "Suppose we are?" he said ambiguously.

"I got some chocolates," Mr. Thomas said. "Don't like 'em myself. Here you are. Not enough to go round, I don't suppose. There never is," he added with somber conviction. He handed over three packets of Smarties.

The gang were puzzled and perturbed by this action and tried to explain it away. "Bet someone dropped them and he picked 'em up," somebody suggested.

"Pinched 'em and then got in a bleeding funk," another thought aloud. "It's a bribe," Summers said. "He wants us to stop bouncing balls on his wall."

"We'll show him we don't take bribes," Blackie said, and they sacrificed the whole morning to the game of bouncing that only Mike was young enough to enjoy. There was no sign from Mr. Thomas.

„Wo warst du, T.?" fragte Blackie. „Jetzt kannst du nicht mehr abstimmen. Du kennst die Regeln."

„Dort drinnen bin ich gewesen", entgegnete T. und senkte dabei den Blick, als habe er seine Gedanken zu verbergen.

„Wo?"

„Beim ‚alten Jammerlappen'." Mike sperrte den Mund auf und schloss ihn sofort wieder mit einem hörbaren Knacken. Der Frosch war ihm eingefallen.

„Beim ‚alten Jammerlappen'?" fragte Blackie. Nach ihren Spielregeln war dagegen nichts einzuwenden. Doch er hatte das Empfinden, dass T. damit gefährlichen Boden betrete. Erwartungsvoll stellte er die Frage: „Hast du eingebrochen?"

„Nein, ich klingelte."

„Und was hast du dann gesagt?"

„Ich sagte zu ihm, ich möchte mir das Haus ansehen."

„Und was tat er?"

„Er zeigte es mir."

„Hast du was mitgehen lassen?"

„Nein."

„Wozu hast du es dann getan?"

Die Bande hatte sich um ihn geschart. Es sah so aus, als trete ein improvisierter Gerichtshof zusammen, um über einen Fall von Abweichung von der Parteilinie zu verhandeln. T. sagte: „Es ist ein wunderschönes Haus." Den Kopf hielt er immer noch gesenkt und wich den Blicken der anderen aus; dabei fuhr er sich mit der Zunge über die Lippen, hin und her.

„Was meinst du damit: ein wunderschönes Haus?" fragte Blackie in verächtlichem Ton.

„Es hat eine zweihundert Jahre alte Wendeltreppe – wie ein Korkzieher – und nichts hält sie."

„Was soll das heißen: nichts hält sie? Schwebt sie denn in der Luft?"

„Es hat etwas mit Kräftepaaren zu tun, erklärte mir der ‚alte Jammerlappen'."

„Was noch?"

„An den Wänden gibt es eine Holzverkleidung."

„Wie im ‚Blauen Eber'?"

„Ja, zweihundert Jahre alt."

„Ist auch der ‚alte Jammerlappen' zweihun-

Next day T. astonished them all. He was late at the rendezvous, and the voting for that day's exploit took place without him. At Blackie's suggestion the gang was to disperse in pairs, take buses at random, and see how many free rides could be snatched from unwary conductors (the operation was to be carried out in pairs to avoid cheating). They were drawing lots for their companions when T. arrived.

"Where you been, T.?" Blackie asked. "You can't vote now. You know the rules."

"I've been there," T. said. He looked at the ground, as though he had thoughts to hide.

"Where?"

"At Old Misery's." Mike's mouth opened and then hurriedly closed again with a click. He had remembered the frog.

"At Old Misery's?" Blackie said. There was nothing in the rules against it, but he had a sensation that T. was treading on dangerous ground. He asked hopefully, " Did you break in?"

"No. I rang the bell."

"And what did you say?"

"I said I wanted to see his house."

"What did he do?"

"He showed it me."

"Pinch anything?"

"No."

"What did you do it for then?"

The gang had gathered round: It was as though an impromptu court were about to form and to try some case of deviation.

dert Jahre alt?" Mike lachte unvermittelt auf und verstummte sofort wieder. Die Versammlung war in ernster Stimmung. Zum ersten Male, seit T. am Anfang der Ferien in den Parkplatz geschlendert war, schien seine Stellung gefährdet. Es brauchte nur einer seinen vollen Namen auszusprechen, und die ganze Bande würde ihm auf den Fersen sein.

„Warum hast du es getan?" fragte Blackie ihn; er war gerecht, er war nicht eifersüchtig, er war darauf bedacht, T. wenn möglich bei der Bande zu behalten. Nur das Wort „wunderschön" verursachte ihm Kopfzerbrechen – es gehörte einer andern Welt an, einer Gesellschaftsklasse, auf die man im „Empire" in Wormsley Common eine Parodie sehen konnte, ausgeführt von einem Mann mit Zylinderhut und Monokel und einem näselnd-aristokratischen Akzent. Er war versucht, „mein lieber Trevor, alter Junge" zu sagen und damit seine Höllenhunde auf T. zu hetzen. „Wenn du bloß eingebrochen hättest", meinte er wehmütig – das wäre in der Tat eine Leistung gewesen, würdig seiner Bande.

„Ich tat was Besseres", erwiderte T.; „ich habe Verschiedenes erkundet." Immer noch starrte er zu Boden, wich den anderen aus, als wäre er in einem Traum befangen, den er mit ihnen nicht teilen wollte oder dessen er sich schämte.

„Was hast du erkundet?"

„Der ‚alte Jammerlappen' wird den ganzen morgigen Tag und den Bankfeiertag über abwesend sein."

Erleichtert fragte jetzt Blackie: „Du meinst, wir könnten einbrechen?"

„Und was klauen?" wollte ein anderer wissen.

„Niemand wird was klauen. Ins Haus einzudringen – das ist doch gut genug, nicht wahr? Vor Gericht wollen wir nicht kommen", erklärte Blackie.

„Ich will gar nichts klauen", sagte darauf T. „Ich habe eine bessere Idee."

„Was denn?"

Endlich blickte T. auf, und seine Augen waren so grau und getrübt wie der umwölkte Augusttag. „Niederreißen werden wir es", sagte er, „völlig zerstören."

T. said, "It's a beautiful house," and still watching the ground, meeting no one's eyes, he licked his lips first one way, then the other.

"What do you mean, a beautiful house?" Blackie asked with scorn.

"It's got a staircase two hundred years old like a corkscrew. Nothing holds it up."

"What do you mean, nothing holds it up. Does it float?"

"It's to do with opposite forces, Old Misery said."

"What else?"

"There's paneling."

"Like in the Blue Boar?"

"Two hundred years old."

"Is Old Misery two hundred years old?"

Mike laughed suddenly and then was quiet again. The meeting was in a serious mood. For the first time since T. had strolled into the car park on the first day of the holidays his position was in danger. It only needed a single use of his real name and the gang would be at his heels.

"What did you do it for?" Blackie asked. He was just, he had no jealousy, he was anxious to retain T. in the gang if he could. It was the word "beautiful" that worried him—that belonged to a class world that you could still see parodied at the Wormsley Common Empire by a man wearing a top hat and a monocle, with a haw-haw accent. He was tempted to say, "My dear Trevor, old chap," and unleash his hell hounds. "If you'd broken in," he said sadly—that indeed would have been an exploit worthy of the gang.

"This was better," T. said. "I found out things." He continued to stare at his feet, not meeting anybody's eye, as though he were absorbed in some dream he was unwilling—or ashamed—to share.

"What things?"

"Old Misery's going to be away all tomorrow and Bank Holiday."

Blackie said with relief, "You mean we could break in?"

"And pinch things?" somebody asked.

Blackie said, "Nobody's going to pinch things. Breaking in—that's good enough, isn't it?

Blackie stieß einen einzigen Lachton aus und verstummte sogleich, genau wie Mike eingeschüchtert durch den ernsten, unversöhnlichen Blick. Doch er fragte: „Und was würde wohl die Polizei in der Zwischenzeit tun?"

„Die würde es nie bemerken. Wir würden es von innen her machen. Ich habe herausgekriegt, wie wir reinkommen." Mit eigenartiger Intensität fuhr er fort: „Wie die Würmer in einem Apfel würden wir sein. Wenn wir wieder rauskommen, wird nichts mehr drinsein, kein Treppenhaus, keine Holzvertäfelung, nichts als die nackten Mauern, und dann würden wir auch diese noch zum Einsturz bringen – irgendwie."

„Wir würden ins Kittchen gehen", warnte Blackie.

„Wer sollte uns etwas nachweisen? Außerdem hätten wir ja nichts gestohlen." Ohne einen Funken von Schadenfreude fügte T. hinzu:

„Wenn wir damit fertig sind, wird es nichts mehr zu stehlen geben."

„Ich habe auch nie gehört, dass jemand ins Kittchen kommt, weil er was zerbrochen hat", meinte Summers.

„Die Zeit würde nicht ausreichen", sagte Blackie. „Ich habe Abbrucharbeitern zugesehen."

„Wir sind unser zwölf. Wir würden die Arbeit organisieren", erwiderte T.

„Aber keiner von uns versteht etwas davon …"

„Ich kenne mich aus", antwortete T. „Oder habt ihr einen besseren Plan?" fragte er mit einem Seitenblick zu Blackie hin

„Heute gehen wir schwarzfahren", sagte Mike taktlos.

„Schwarzfahren!" rief T. „Du kannst von der Sache zurücktreten, Blackie, wenn du lieber …"

„Die Bande stimmt darüber ab."

„Dann bring es zur Abstimmung."

„Es liegt ein Antrag vor, dass wir morgen und Montag das Haus des ‚alten Jammerlappen' niederreißen sollen", begann Blackie mit sichtlichem Unbehagen.

„Hört! Hört!" rief ein dicker Junge namens Joe.

„Wer ist dafür?"

„Es ist angenommen", erklärte T.

„Wie fangen wir es an?" erkundigte sich Summers.

We don't want any court stuff."

"I don't want to pinch anything," T. said. "I've got a better idea."

"What is it?"

T. raised his eyes, as gray and disturbed as the drab August day. "We'll pull it down," he said. "We'll destroy it."

Blackie gave a single hoot of laughter and then, like Mike, fell quiet, daunted by the serious implacable gaze. "What'd the police be doing all the time?" he said.

"They'd never know. We'd do it from inside. I've found a way in." He said with a sort of intensity, "We'd be like worms, don't you see, in an apple. When we came out again there'd be nothing there, no staircase, no panels, nothing but just walls, and then we'd make the walls fall down—somehow."

"We'd go to jug," Blackie said.

"Who's to prove? And anyway we wouldn't have pinched anything." He added without the smallest flicker of glee, "There wouldn't be anything to pinch after we'd finished."

"I've never heard of going to prison for breaking things," Summers said.

"There wouldn't be time," Blackie said. "I've seen housebreakers at work."

"There are twelve of us," T. said. "We'd organize."

"None of us know how—"

"I know," T. said. He looked across at Blackie. "Have you got a better plan?"

"Today," Mike said tactlessly, "we're pinching free rides—"

"Free rides," T. said. "You can stand down, Blackie, if you'd rather. …"

"The gang's got to vote."

"Put it up then."

Blackie said uneasily, "It's proposed that tomorrow and Monday we destroy Old Misery's house."

"Here, here," said a fat boy called Joe. "Who's in favor?"

T. said, "It's carried."

"How do we start?" Summers asked.

"He'll tell you," Blackie said. It was the end of his leadership. He went away to the back of the car park and began to kick a stone, dribbling it this way and that. There was only one old Morris

„Er wird es euch sagen", antwortete Blackie. Es war das Ende seiner Führerschaft. Er entfernte sich zum Rande des Parkplatzes hin und begann einen Stein zu treten, dribbelte ihn bald hierhin, bald dorthin. Nur ein alter Morris stand auf dem Platz, denn abgesehen von Lastkraftwagen wurden nur wenige Autos dort geparkt. Ohne einen Aufseher gab es keine Sicherheit für die Wagen. Mit einem Anlauf kickte Blackie den Stein gegen den Morris und kratzte ein wenig Lack von einem hinteren Kotflügel ab. Drüben hatte sich mittlerweile die Bande um T. geschart; sie schenkte Blackie nicht mehr Aufmerksamkeit als einem Fremden. Dunkel wurde sich Blackie der schwankenden Gunst des Volkes bewusst. Er dachte schon daran, nach Hause zu gehen, nie wiederzukommen und sie alle die Hohlheit von T.s Führungseigenschaften erkennen zu lassen. Doch angenommen, T.s Vorschlag wäre durchführbar – nichts dergleichen war je zuvor getan worden. Der Ruhm der Parkplatzbande von Wormsley Common würde ohne Zweifel bis nach London dringen. Es würde Schlagzeilen in den Zeitungen geben. Selbst die Banden von Erwachsenen, die den Wettbetrieb bei den Catch-Ringkämpfen in der Hand hatten, und die Straßenhändler würden voll Hochachtung erfahren, wie das Haus des „alten Jammerlappen" zerstört worden war. Angespornt von dem reinen, schlichten und selbstlosen Ehrgeiz, seine Bande berühmt zu sehen, kehrte Blackie in den Schatten der Gartenmauer des Mr. Thomas zurück, wo T. sich befand.

Dieser gab eben mit Entschiedenheit seine Befehle aus. Es war so, als hätte ihn dieser Gedanke sein ganzes Leben beschäftigt, als habe er ihn zu jeder Jahreszeit überdacht, bis sich dieser Plan nun in seinem fünfzehnten Lebensjahr mit dem Schmerz des Mannwerdens herauskristallisiert hätte. Zu Mike gewandt befahl T.: „Du bringst einige große Nägel, die größten, die du auftreiben kannst, und einen Hammer. Wer sonst noch einen Hammer mitbringen kann, soll es tun, und auch einen Schraubenzieher. Wir werden viele brauchen. Auch Meißel und Stemmeisen. Davon können wir gar nicht zu viele haben. Kann einer eine Säge beschaffen?"

in the park, for few cars were left there except lorries: Without an attendant there was no safety. He took a flying kick at the car and scraped a little paint off the rear mudguard. Beyond, paying no more attention to him than to a stranger, the gang had gathered round T.; Blackie was dimly aware of the fickleness of favor. He thought of going home, of never returning, of letting them all discover the hollowness of T.'s leadership, but suppose after all what T. proposed was possible—nothing like it had ever been done before. The fame of the Wormsley Common car-park gang would surely reach around London. There would be headlines in the papers. Even the grown-up gangs who ran the betting at the all-in wrestling and the barrow-boys would hear with respect of how Old Misery's house had been destroyed. Driven by the pure, simple, and altruistic ambition of fame for the gang, Blackie came back to where T. stood in the shadow of Misery's wall.

T. was giving his orders with decision: It was as though this plan had been with him all his life, pondered through the seasons, now in his fifteenth year crystallized with the pain of puberty.

"You," he said to Mike, "bring some big nails, the biggest you can find, and a hammer. Anyone else who can better bring a hammer and a screwdriver. We'll need plenty of them. Chisels too. We can't have too many chisels. Can anybody bring a saw?"

"I can," Mike said.

"Not a child's saw," T. said. "A real saw."

Blackie realized he had raised his hand like any ordinary member of the gang.

"Right, you bring one, Blackie. But now there's a difficulty. We want a hacksaw."

„Ich", sagte Mike.

„Keine Kindersäge", entgegnete T. „Eine richtige Säge."

Blackie wurde gewahr, dass er die Hand erhoben hatte wie irgendein gewöhnliches Mitglied der Bande.

„Recht so, du bringst eine, Blackie. Aber jetzt ergibt sich eine Schwierigkeit. Wir brauchen eine Bügelsäge."

„Was ist eine Bügelsäge?"

„Du bekommst sie bei Woolworth", erklärte Summers.

Der feiste Junge namens Joe meinte betrübt: „Ich wusste ja, dass es mit einer Sammelaktion enden wird."

„Ich werde selbst eine besorgen, ich brauche euer Geld nicht", erwiderte T. „Aber einen Schmiedehammer kann ich nicht kaufen."

Darauf sagte Blackie: „Sie arbeiten am Haus Nr. 15. Ich weiß, wo sie ihr Werkzeug über den Bankfeiertag aufbewahren werden."

„Das wäre alles", schloss T. „Wir treffen uns hier Punkt neun."

„Ich muss in die Kirche gehen", wandte Mike ein.

„Dann steig über die Mauer und pfeife. Wir lassen dich herein.

2

Am Sonntagmorgen waren mit Ausnahme von Blackie alle pünktlich zur Stelle; sogar Mike war da, der besonderes Glück gehabt hatte. Seine Mutter fühlte sich krank, sein Vater war vom Samstagabend noch müde, und so hatten sie ihm aufgetragen, allein zur Kirche zu gehen, wohl aber eine eindringliche Warnung hinzugefügt, was ihm alles passieren würde, wenn er umherstrolchen sollte. Blackie hatte es nicht leichtgehabt, die Säge aus dem Haus zu schmuggeln und dann auch noch hinter dem Haus Nr. 15 einen Schmiedehammer aufzutreiben. Er näherte sich dem Haus des Mr. Thomas durch eine enge Gasse an der Hinterseite des Gartens, denn er fürchtete sich vor dem Polizisten, der auf der Hauptstraße seine Runde machte. Die schlaffen immergrünen Pflanzen hielten eine von Gewitterwolken bedrängte Sonne ab. Auch in diesem Jahr braute sich über dem Atlantik ein regennasser

"What's a hacksaw?" someone asked.

"You can get 'em at Woolworth's," Summers said.

The fat boy called Joe said gloomily, "I knew it would end in a collection."

"I'll get one myself," T. said. "I don't want your money. But I can't buy a sledgehammer."

Blackie said, "They are working on number fifteen. I know where they'll leave their stuff for Bank Holiday."

"Then that's all," T. said. "We meet here at nine sharp."

"I've got to go to church," Mike said.

"Come over the wall and whistle. We'll let you in."

2

On Sunday morning all were punctual except Blackie, even Mike. Mike had had a stroke of luck. His mother felt ill, his father was tired after Saturday night, and he was told to go to church alone with many warnings of what would happen if he strayed. Blackie had had difficulty in smuggling out the saw, and then in finding the sledgehammer at the back of number 15. He approached the house from a lane at the rear of the garden, for fear of the policeman's beat along the main road. The tired evergreens kept off a stormy sun: Another wet Bank Holiday was being prepared over the Atlantic, beginning in swirls of dust under the trees. Blackie climbed the wall into Misery's garden.

There was no sign of anybody anywhere. The loo stood like a tomb in a neglected graveyard. The curtains were drawn. The house slept. Blackie lumbered nearer with the saw and the sledgehammer. Perhaps after all nobody had

Bankfeiertag zusammen und kündigte sein Kommen mit Staubwirbeln unter den Bäumen an. Blackie kletterte über die Gartenmauer des „alten Jammerlappens".

Nirgends war eine Spur von seinen Freunden. Wie ein Grabstein in einem vernachlässigten Friedhof stand das hölzerne Häuschen da. Im Haus selbst waren die Vorhänge zusammengezogen. Es schlief. Blackie stapfte schwerbeladen mit Säge und Hammer näher heran. Vielleicht war gar niemand gekommen. Der Plan war einem phantastischen Einfall entsprungen, und am Morgen waren sie klüger aufgewacht. Als er sich jedoch der Hintertür näherte, konnte er ein Gewirr von Geräuschen vernehmen, kaum lauter als das Summen eines schwärmenden Bienenvolks: ein Knacken, ein Pochen, ein Scharren, ein Knarren, plötzlich einen schmerzhaften Krach. Es stimmt also doch, dachte er und pfiff.

Sie öffneten ihm die Hintertür, und er trat ein. Sofort hatte er den Eindruck einer straffen Organisation, ganz anders als die sorglose Unordnung, die unter seiner Leitung geherrscht hätte. Eine Zeitlang wanderte er auf der Suche nach T. die Treppen auf und ab. Niemand sprach ihn an. Alle schienen es sehr eilig zu haben, und vor seinen Augen begann sich bereits deutlich der Plan abzuzeichnen. Das Innere des Hauses wurde sorgfältig abgetragen, ohne dass die Außenwände davon berührt wurden. Mit Meißel und Hammer riss Summers im Esszimmer des Erdgeschosses die Wandleisten los. Die Türfüllungen hatte er schon zerschlagen. Im selben Raum hob Joe die Brettchen des Parkettbodens heraus und legte die Weichholzplanken des Blindbodens über dem Keller frei. Unter den beschädigten Fußleisten kamen Rollen von Leitungsdrähten zum Vorschein; Mike saß glücklich grinsend auf dem Boden und zwackte sie ab.

Auf der geschwungenen Treppe arbeiteten zwei Mitglieder der Bande mit einer unzulänglichen Kindersäge am Geländer, und als sie Blackies große Säge erblickten, winkten sie wortlos darum. Als er sie das nächste Mal sah, war ein Viertel des Geländers bereits in die Halle hinabgestürzt. T. fand er schließlich im Badezimmer – er saß griesgrämig in dem am

turned up: The plan had been a wild invention: They had woken wiser. But when he came close to the back door he could hear a confusion of sound, hardly louder than a hive in swarm: a clickety-clack, a bang bang bang, a scraping, a creaking, a sudden painful crack. He thought, It's true, and whistled.

They opened the back door to him and he came in. He had at once the impression of organization, very different from the old happy-go-lucky ways under his leadership. For a while he wandered up and down stairs looking for T. Nobody addressed him: He had a sense of great urgency, and already he could begin to see the plan. The interior of the house was being carefully demolished without touching the outer walls. Summers with hammer and chisel was ripping out the skirting-boards in the ground floor dining room: He had already smashed the panels of the door. In the same room Joe was heaving up the parquet blocks, exposing the soft wood floorboards over the cellar. Coils of wire came out of the damaged skirting and Mike sat happily on the floor, clipping the wires.

On the curved stairs two of the gang were working hard with an inadequate child's saw on the banisters—when they saw Blackie's big saw they signaled for it wordlessly. When he next saw them a quarter of the banisters had been dropped into the hall. He found T. at last in the bathroom—he sat moodily in the least cared-for

wenigsten gepflegten Raum des Hauses und lauschte den Geräuschen die von unten kamen.

„Du hast es tatsächlich getan!" sagte Blackie voll Ehrfurcht.

„Was wird jetzt geschehen?"

„Das ist erst der Anfang", antwortete T. Er blickte auf den schweren Schmiedehammer und traf seine Anordnungen: „Du bleibst hier und zertrümmerst die Wanne und das Waschbecken. Um die Rohre kümmere dich nicht. Die kommen später dran."

Mike erschien in der Tür. „Mit den Drähten bin ich fertig" meldete er.

„Gut! Jetzt brauchst du bloß herumzuwandern. Die Küche ist im Kellergeschoss. Zerschlag das Geschirr und alle Gläser und Flaschen, die du in die Finger bekommst. Aber die Wasserhähne dreh nicht auf – wir wollen keine Überschwemmung – noch nicht. Dann geh in alle Zimmer und stürze die Schubladen heraus. Wenn sie verschlossen sind, dann hol dir einen der anderen und lass sie dir aufbrechen. Zerreiß alle Papiere, die du findest, und zerschlag alle Verzierungen. Nimm dir aus der Küche ein Vorlegemesser mit. Das Schlafzimmer liegt hier gegenüber. Schlitze die Kopfkissen auf und zerreiß die Bettlaken. Das wird für den Augenblick genügen. Und du, Blackie, wenn du hier fertig bist, dann zerbrich mit dem Hammer den Verputz auf dem Gang.

„Was wirst du tun?" fragte Blackie.

„Ich suche mir was Besonderes", erwiderte T.

Es war fast Mittagszeit, als Blackie seine Arbeit beendet hatte und T. suchen ging. Das Chaos hatte sich vergrößert. Die Küche war ein Schlachtfeld von zerbrochenem Glas und Porzellan. Im Speisezimmer war der Parkettboden herausgerissen, die Fußleisten waren losgebrochen, die Türen aus den Angeln gehoben. Die Vernichter waren ein Stockwerk höher gestiegen. Durch die geschlossenen Fensterläden fiel in Streifen das Licht herein; hier waren sie mit schöpferischem Ernst am Werk – letzten Endes ist auch die Zerstörung eine Art Schöpfung. Eine gewisse Einbildungskraft hatte das Haus in dem Zustand gesehen, in dem es sich jetzt befand.

„Ich muss zum Mittagessen nach Hause",

room in the house, listening to the sounds coming up from below.

"You've really done it," Blackie said with awe. "What's going to happen?"

"We've only just begun," T. said. He looked at the sledgehammer and gave his instructions. "You stay here and break the bath and the washbasin. Don't bother about the pipes. They come later."

Mike appeared at the door. "I've finished the wire, T.," he said.

"Good. You've just got to go wandering round now. The kitchen's in the basement. Smash all the china and glass and bottles you can lay hold of. Don't turn on the taps—we don't want a flood—yet. Then go into all the rooms and turn out drawers. If they are locked get one of the others to break them open. Tear up any papers you find and smash all the ornaments. Better take a carving knife with you from the kitchen. The bedroom's opposite here. Open the pillows and tear up the sheets. That's enough for the moment. And you, Blackie, when you've finished in here crack the plaster in the passage up with your sledgehammer."

"What are you going to do?" Blackie asked.

"I'm looking for something special," T. said.

It was nearly lunchtime before Blackie had finished and went in search of T. Chaos had advanced. The kitchen was a shambles of broken glass and china. The dining room was stripped of parquet, the skirting was up, the door had been taken off its hinges, and the destroyers had moved up a floor.

Streaks of light came in through the closed shutters where they worked with the seriousness of creators—and destruction after all is a form of creation. A kind of imagination had seen this house as it had now become.

Mike said, "I've got to go home for dinner."

"Who else?" T. asked, but all the others on one excuse or another had brought provisions with them.

erklärte Mike.

„Wer noch?" fragte T., aber alle anderen hatten unter irgendeiner Ausrede ihre Verpflegung mitgebracht.

Jetzt hockten sie in den Ruinen des Esszimmers und tauschten belegte Butterbrote aus, die keiner wollte. Eine halbe Stunde brauchten sie zu ihrem Lunch und schon waren sie wieder an der Arbeit. Als Mike zurückkehrte, waren sie bereits im ersten Stock, und um sechs Uhr hatten sie die oberflächliche Vernichtung abgeschlossen. Die Türen waren allesamt ausgehängt, die Wandleisten abgehoben, die Möbel ausgeplündert, zerrissen und zertrümmert – kein Mensch hätte in dem Haus noch schlafen können, es sei denn auf einem Lager von zerbrochenem Verputz.

T. gab seine Befehle für den folgenden Morgen aus – um acht Uhr früh. Um nicht aufzufallen, kletterten sie einzeln über die Gartenmauer auf den Parkplatz hinaus. Nur Blackie und T. waren noch zurückgeblieben. Das Tageslicht war beinahe geschwunden, und als sie einen Lichtschalter berührten, geschah nichts. Mike hatte gründlich gearbeitet.

„Hast du was Besonderes entdeckt?" fragte Blackie.

T. nickte. „Komm und sieh dir's an", sagte er. Aus beiden Rocktaschen zog er Bündel von Pfundnoten. „Die Ersparnisse des ‚alten Jammerlappens'", erklärte er. „Mike riss die Matratze auf, aber das Geld übersah er."

„Was wirst du damit tun? Wirst du es verteilen?"

„Wir sind keine Diebe", entgegnete T. „Niemand wird aus diesem Haus etwas klauen. Die Banknoten habe ich für dich und mich aufgehoben – für eine kleine Feier." Er kniete auf dem Boden und zählte sie ab – es waren im ganzen siebzig. „Wir verbrennen sie, Stück für Stück", sagte er. Der Reihe nach nahmen sie die Scheine in die Hand, hielten sie in die Höhe und zündeten sie an der oberen Ecke an, so dass die Flamme ganz langsam bis zu ihren Fingern niederbrannte. Die graue Asche schwebte über ihnen und senkte sich wie das Greisenalter auf ihre Köpfe herab. „Das Gesicht des Alten möchte ich sehen, wenn wir fertig sind", meinte T.

They squatted in the ruins of the room and swapped unwanted sandwiches. Half an hour for lunch and they were at work again. By the time Mike returned, they were on the top floor, and by six the superficial damage was completed. The doors were all off, all the skirtings raised, the furniture pillaged and ripped and smashed—no one could have slept in the house except on a bed of broken plaster. T. gave his orders—eight o'clock next morning—and to escape notice they climbed singly over the garden wall, into the car park. Only Blackie and T. were left; the light had nearly gone, and when they touched a switch, nothing worked—Mike had done his job thoroughly.

"Did you find anything special?" Blackie asked.

T. nodded. "Come over here," he said, "and look." Out of both pockets he drew bundles of pound notes. "Old Misery's savings," he said. "Mike ripped out the mattress, but he missed them."

"What are you going to do? Share them?"

"We aren't thieves," T. said. "Nobody's going to steal anything from this house. I kept these for you and me—a celebration." He knelt down on the floor and counted them out—there were seventy in all. "We'll burn them," he said, "one by one," and taking it in turns they held a note upward and lit the top corner, so that the flame burnt slowly toward their fingers. The gray ash floated above them and fell on their heads like age. "I'd like to see Old Misery's face when we are through," T. said.

"You hate him a lot?" Blackie asked.

"Of course I don't hate him,"

„Du hast einen fürchterlichen Hass gegen ihn, nicht wahr?"

„Hass habe ich natürlich keinen", widersprach ihm T. „Die Sache wäre ja kein Spaß, wenn ich ihn hasste." Die letzte brennende Banknote erhellte sein düsteres Gesicht. „Hass und Liebe, das ist doch alles Unsinn und Schwindel. Es gibt nur die Dinge, Blackie"; dabei sah er sich in dem Raum um, in dem sich die ungewohnten Schatten von Dingen drängten, von halben Dingen, von zerschlagenen Dingen, von einstigen Dingen. „Ich renne mit dir um die Wette nach Haus", sagte er zu Blackie.

3

Am nächsten Morgen begann das Werk der Vernichtung allen Ernstes. Zwei der Jungen fehlten – Mike und noch einer. Ihre Eltern waren nach Brighton und Southend aufgebrochen, obwohl bereits träge, warme Tropfen fielen und draußen an der Themsemündung der Donner rollte wie der erste Geschützdonner der Luftabwehr während der Blitzangriffe auf London.

„Wir müssen uns beeilen", sagte T.

Summers war störrisch. „Haben wir nicht schon genug angerichtet?" fragte er. „Ich habe einen Shilling für die Spielautomaten gekriegt. Das hier ist wie eine richtige Arbeit."

„Wir haben kaum angefangen", erwiderte T. „Da sind noch die Fußböden und die Stiegen. Wir haben noch kein einziges Fenster herausgenommen. Du hast mit den anderen gestimmt. Wir werden dieses Haus vernichten! Wenn wir fertig sind, wird nichts davon übrig sein."

Sie begannen wieder im ersten Stock, wo sie die Fußbodenbretter entlang der Außenmauern abhoben und die Querbalken darunter freilegten. Dann sägten sie diese durch und zogen sich in die Halle zurück, während der Boden sich allmählich neigte und nach unten kippte. Sie hatten aus der Erfahrung gelernt und brachten den zweiten Boden viel rascher zum Einsturz. Als sie gegen Abend in den gähnenden Abgrund hinabblickten, überkam sie ein Gefühl der Erheiterung. Sie begaben sich in Gefahr und machten Fehler: als sie endlich an die Fensterrahmen dachten, war es schon zu spät. Sie konnten sie nicht mehr erreichen. „Herrgott!" rief Joe und ließ einen Penny in die

T. said. "There'd be no fun if I hated him." The last burning note illuminated his brooding face. "All this hate and love," he said, "it's soft, it's hooey.

There's only things, Blackie," and he looked round the room crowded with the unfamiliar shadows of half things, broken things, former things. "I'll race you home, Blackie," he said.

3

Next morning the serious destruction started. Two were missing—Mike and another boy, whose parents were off to Southend and Brighton in spite of the slow warm drops that had begun to fall and the rumble of thunder in the estuary like the first guns of the old blitz.

"We've got to hurry," T. said.

Summers was restive. "Haven't we done enough?" he said. "I've been given a bob for slot machines. This is like work."

"We've hardly started," T. said. "Why, there's all the floors left, and the stairs. We haven't taken out a single window. You voted like the others. We are going to destroy this house. There won't be anything left when we've finished."

They began again on the first floor picking up the top floorboards next the outer wall, leaving the joists exposed. Then they sawed through the joists and retreated into the hall, as what was left of the floor heeled and sank. They had learned with practice, and the second floor collapsed more easily. By the evening an odd exhilaration seized them as they looked down the great hollow of the house. They ran risks and made mistakes: When they thought of the windows it was too late to reach them. "Cor," Joe said, and dropped a penny down into the dry rubble-filled well. It cracked and span among the broken glass.

"Why did we start this?" Summers asked with astonishment; T. was already on the ground, digging at the rubble, clearing a space along the outer wall. "Turn on the taps," he said. "It's too dark for anyone to see now, and in the morning it won't matter." The water overtook them on the stairs and fell through the floorless rooms.

staubige, schutterfüllte Tiefe fallen. Mit einem Klicken schlug die Münze dort auf und hüpfte unter den Glassplittern umher.

„Warum haben wir das angefangen?" fragte Summers erstaunt. Aber T. war schon wieder im Erdgeschoss, wo er im Schutt grub und entlang der Außenwand einen Platz frei-machte. „Dreht die Wasserhähne auf", befahl er. „Es ist so dunkel, dass kein Mensch was sehen kann, und morgen früh wird es nichts mehr ausmachen." Das Wasser· überholte sie auf den Treppen und ergoss sich durch die bodenlosen Räume in die Tiefe.

In diesem Moment hörten sie Mikes Pfiff von der Hinterseite des Hauses kommen. „Da stimmt was nicht", sagte Blackie. Sie konnten Mikes hastiges Keuchen deutlich vernehmen, als sie ihm die Tür aufschlossen.

„Die Polypen?" frage Summers.

„Der ‚alte Jammerlappe'", sagte Mike. „Er kommt zurück." Dann steckte er den Kopf zwi-schen die Knie und würgte. „Bin den ganzen Weg gerannt", erklärte er stolz.

„Aber weshalb nur ... ?" fragte T. „Er sagte mir doch ..."

Mit der ganzen Wut des Kindes, das er nie gewesen war, stieß er die Worte hervor: „Das ist nicht fair!"

„Er war drunten in Southend", fuhr Mike fort, „und er war im Zug, als wir zurückkamen. Er sagte, es wäre ihm zu kalt und zu feucht." Er hielt inne und starrte auf das Wasser. „Mein Gott, ihr habt hier ein schönes Gewitter gehabt. Hat das Dach ein Loch?"

„Wie lang wird er noch ausbleiben?"

„Fünf Minuten. Ich bin meiner Mutter entwischt und gerannt."

„Hauen wir lieber ab. Wir haben genug angerichtet", riet Summers.

„O nein, wir haben noch nicht genug getan. Das könnte jeder fertigbringen –"

„Das" war das verwüstete, ausgehöhlte Haus, von dem nur noch die Mauem standen. Doch Mauem konnten erhalten werden. Fas-saden waren wertvoll. Hinter ihnen konnte man schöner denn je wieder aufbauen. Das konnte wieder eine Heimstätte werden. Zornig sagte T.: „Wir müssen es zu Ende bringen. Rührt euch nicht. Lasst mich nachdenken."

It was then they heard Mike's whistle at the back.

"Something's wrong," Blackie said. They could hear his urgent breathing as they unlocked the door.

"The bogies?" Summers asked.

"Old Misery," Mike said. "He's on his way." He put his head between his knees and retched. "Ran all the way," he said with pride.

"But why?" T. said. "He told me . . ." He pro-tested with the fury of the child he had never been, "It isn't fair."

"He was down at Southend," Mike said, "and he was on the train coming back. Said it was too cold and wet." He paused and gazed at the water. "My, you've had a storm here. Is the roof leaking?"

"How long will he be?"

"Five minutes. I gave Ma the slip and ran."

"We better clear," Summers said. "We've done enough, anyway."

"Oh, no, we haven't. Anybody could do this—" "This" was the shattered hollowed house with nothing left but the walls. Yet walls could be preserved. Façades were valuable. They could build inside again more beautifully than before. This could again be a home. He said angrily, "We've got to finish. Don't move. Let me think."

"There's no time," a boy said.

"There's got to be a way," T. said. "We couldn't have got thus far …"

"We've done a lot," Blackie said.

"No. No, we haven't. Somebody watch the front."

"We can't do any more."

"He may come in at the back."

"Watch the back too." T. began to plead. "Just give me a minute and I'll fix it. I swear I'll fix it." But his authority had gone with his ambiguity. He was only one of the gang. "Please," he said.

"Please," Summers mimicked him, and then

„Wir haben keine Zeit mehr", stellte ein Junge fest.

„Es muss eine Möglichkeit geben", erwiderte T. „Es kann nicht sein, dass wir so weit gekommen sind und jetzt … "

„Wir haben schon sehr viel gemacht", sagte Blackie.

„Nein, nein, das haben wir nicht. Jemand soll an der Haustür aufpassen."

„Er kann aber hinten hereinkommen."

„Dann beobachtet auch die Rückseite", begann T. in flehentlichem Ton. „Gebt mir nur eine Minute Zeit und ich werde es schaffen. Ich schwöre euch, ich werde es schaffen." Aber durch seine Unentschlossenheit war seine Autorität geschwunden. Jetzt war er nur noch einer der Bande. „Bitte!" sagte er.

„Bitte!" äffte ihn Summers nach und schlug dann noch einmal zu, indem er den fatalen Namen aussprach: „Lauf brav nach Hause, Trevor!"

T. stand mit dem Rücken gegen den Schutthaufen, so wie ein Boxer, den man groggy geschlagen hat, sich gegen die Seile lehnt. Während seine Träume ins Wanken gerieten und zerflossen, fehlten ihm die Worte. Doch ehe die Bande zum Lachen Zeit fand, handelte Blackie. Er stieß Summers zurück. „Ich passe vorn auf, T.", sagte er und öffnete behutsam die Fensterläden in der Diele. Die graue, nasse Gemeindewiese breitete sich vor ihm aus, und in den Pfützen spiegelten sich die Straßenlaternen. „Es kommt jemand, T. Nein, er ist es nicht. Was ist jetzt dein Plan?"

„Sag Mike, er soll zum Abort hinausgehen und sich in seiner Nähe verstecken. Wenn er mich pfeifen hört, soll er bis zehn zählen und dann zu schreien anfangen."

„Was soll er schreien?"

„Oh, ‚Hilfe!' oder irgend etwas."

„Du hast es gehört, Mike", sagte Blackie. Er war wiederum der Anführer. Mit einem raschen Blick durch die Läden sagt er: „Jetzt kommt er."

„Schnell, Mike! Hinaus zum Abort! Bleib hier, Blackie, bleibt alle da, bis ich brülle."

„Wohin gehst du, T.?"

„Macht euch keine Sorgen. Ich schaffe es schon. Ich sagte euch ja, dass ich es schaffen werde, nicht wahr?"

suddenly struck home with the fatal name. "Run along home, Trevor."

T. stood with his back to the rubble like a boxer knocked groggy against the ropes. He had no words as his dreams shook and slid. Then Blackie acted before the gang had time to laugh, pushing Summers backward. "I'll watch the front, T.," he said, and cautiously he opened the shutters of the hall. The gray wet common stretched ahead, and the lamps gleamed in the puddles.

"Someone's coming, T. No, it's not him. What's your plan, T.?"

"Tell Mike to go out to the loo and hide close beside it. When he hears me whistle he's got to count ten and start to shout."

"Shout what?"

"Oh, 'Help,' anything."

"You hear, Mike," Blackie said. He was the leader again. He took a quick look between the shutters. "He's coming, T."

"Quick, Mike. The loo. Stay here, Blackie, all of you till I yell."

"Where are you going, T.?"

"Don't worry. I'll see to this. I said I would, didn't I?"

Old Misery came limping off the common. He had mud on his shoes and he stopped to scrape them on the pavement's edge. He didn't want to soil his house, which stood jagged and dark between the bomb sites, saved so narrowly, as he believed, from destruction. Even the fanlight had been left unbroken by the bomb's blast. Somewhere somebody whistled. Old Misery looked sharply round. He didn't trust whistles. A child was shouting. It seemed to come from his own garden. Then a boy ran into the road from the car park. "Mr. Thomas," he called, "Mr. Thomas."

"What is it?"

"I'm terribly sorry, Mr. Thomas. One of us got taken short, and we thought you wouldn't mind, and now he can't get out."

"What do you mean, boy?"

"He's got stuck in your loo."

"He'd no business— Haven't I seen you before?"

"You showed me your house."

"So I did. So I did. That doesn't give you the right to—"

Der „alte Jammerlappen" kam von dem Gemeindeanger herübergehumpelt. Er hatte Schmutz an den Schuhen und blieb stehen, um ihn an der Kante des Gehsteigs abzukratzen. Denn er wollte sein Haus, das zackig und dunkel inmitten der Bombenruinen aufragte und das, wie er wähnte, mit knapper Not der Zerstörung entgangen war, nicht schmutzig machen. Sogar die Oberlichte über der Eingangstür war von dem Luftdruck der Bomben verschont geblieben. Irgendwo ertönte ein Pfiff. Der „alte Jammerlappen" blickte sich scharf um. Gegen Pfiffe war er misstrauisch. Nun schrie ein Kind auf: der Schrei schien aus seinem Garten zu kommen. Dann lief aus dem Parkplatz ein Junge auf die Straße hinaus. „Mr. Thomas", rief er, „Mister Thomas!"

„Was ist los?"

„Es tut mir schrecklich leid, Mr. Thomas. Einer von uns hatte es plötzlich sehr eilig, und wir dachten, Sie würden nichts dagegen haben, und jetzt kann er nicht mehr raus!"

„ Was willst du damit sagen, Junge?"

„Er ist in Ihrem Abort stecken geblieben."

„Er hatte kein Recht ... Dich habe ich doch schon mal gesehen, nicht?"

„Ja, Sie zeigten mir das Haus."

„Ganz richtig, ganz richtig. Aber das gibt dir doch nicht das Recht ... "

„Beeilen Sie sich doch, Mr. Thomas. Er wird ersticken."

„Ach Unsinn! Er kann nicht ersticken. Warte, bis ich meinen Koffer abgestellt habe."

„Ich trage Ihnen den Koffer."

„Nein, das wirst du nicht tun. Ich trage ihn schon selbst."

„Hierher, Mr. Thomas."

„Hier kann ich doch nicht in den Garten gelangen. Ich muss durchs Haus gehen."

„Sie können aber hier in den Garten kommen, Mr. Thomas. Wir tun es auch oft."

„Ihr tut es auch oft?" Voll Entrüstung und zugleich fasziniert folgte er dem Jungen. „Wann? Und mit welchem Recht?"

„Sehen Sie? Die Mauer ist niedrig."

„Ich denke nicht daran, über meine eigene Gartenmauer zu klettern. Es ist lächerlich."

„Sehen Sie, so machen wir es. Einen Fuß dahin, den anderen dorthin, und schon sind

"Do hurry, Mr. Thomas. He'll suffocate."

"Nonsense. He can't suffocate. Wait till I put my bag in."

"I'll carry your bag."

"Oh, no, you don't. I carry my own."

"This way, Mr. Thomas."

"I can't get in the garden that way. I've got to go through the house."

"But you can get in the garden this way, Mr. Thomas. We often do."

"You often do?" He followed the boy with a scandalized fascination. "When? What right…"

"Do you see…? The wall's low."

"I'm not going to climb walls into my own garden. It's absurd."

"This is how we do it. One foot here, one foot there, and over." The boy's face peered down, an arm shot out, and Mr. Thomas found his bag taken and deposited on the other side of the wall.

"Give me back my bag," Mr. Thomas said. From the loo a boy yelled and yelled. "I'll call the police."

"Your bag's all right, Mr. Thomas. Look. One foot there. On your right. Now just above. To your left." Mr. Thomas climbed over his own garden wall. "Here's your bag, Mr. Thomas."

"I'll have the wall built up," Mr. Thomas said. "I'll not have you boys coming over here, using my loo." He stumbled on the path, but the boy caught his elbow and supported him. "Thank you, thank you, my boy," he murmured automatically. Somebody shouted again through the dark. "I'm coming, I'm coming," Mr. Thomas called. He said to the boy beside him, "I'm not unreasonable. Been a boy myself. As long as things are done regular. I don't mind you playing round the place Saturday mornings. Sometimes I like company. Only it's got to be regular. One of you asks leave and I say Yes. Sometimes I'll say No. Won't feel like it. And you come in at the front door and out at the back. No garden walls."

"Do get him out, Mr. Thomas."

"He won't come to any harm in my loo," Mr. Thomas said, stumbling slowly down the garden. "Oh, my rheumatics," he said.

"Always get 'em on Bank Holiday. I've got to go careful. There's loose stones here. Give me your hand. Do you know what my horoscope

wir drüber." Das Gesicht des Knaben erschien wieder. Er blickte von oben herab, streckte die Arme aus, und Mr. Thomas musste zusehen, wie sein Handkoffer aufgehoben und auf der anderen Seite der Mauer niedergestellt wurde.

„Gib mir den Koffer zurück!" schrie er. Aus der Richtung des Aborthäuschen brüllte von neuem ein Junge. „Ich hole die Polizei."

„Ihr Koffer ist in Ordnung, Mr. Thomas. Schauen Sie! Einen Fuß setzen Sie dorthin. Rechts von Ihnen. Nicht genau darüber. Und nun wieder links." Mr. Thomas kletterte über seine eigene Gartenmauer. „Hier ist Ihr Koffer, Mr. Thomas."

„Ich werde die Mauer höher bauen lassen", erklärte er. „Ich werde es nicht zulassen, dass ihr Jungen hier drübersteigt und meine Toilette benützt." Er stolperte auf dem Gartenweg, aber der Junge fasste ihn am Ellbogen, um ihn zu stützen. „Danke, danke, mein Junge", murmelte er ohne Überlegung. Wieder schrie jemand durch die Dunkelheit. „Ich komme schon, ich komme schon", rief Mr. Thomas zurück. Zu dem Jungen an seiner Seite sagte er: „Ich habe ja Verständnis, war selbst einmal jung. Solange alles regulär vor sich geht. Ich habe nichts dagegen einzuwenden, wenn ihr am Sonnabendmorgen hier spielt. Manchmal habe ich Gesellschaft gern. Nur muss alles regulär sein. Einer von euch kommt mich um Erlaubnis bitten, und ich sage ja. Ab und zu werde ich nein sagen. Dann habe ich eben keine Lust. Und ihr kommt durch die Vordertür herein und geht hinten raus. Nicht über die Gartenmauer!"

„Bitte, holen Sie ihn heraus, Mr. Thomas."

„In meinem Klosett wird ihm nichts passieren", entgegnete der Alte, während er langsam durch den Garten stolperte. „O weh, mein Rheumatismus", jammerte er. „Den kriege ich immer am Bankfeiertag. Ich muss mich sehr in acht nehmen. Hier gibt es lose Steine. Gib mir deine Hand. Weißt du, was gestern in meinem Horoskop stand? ‚Enthalten Sie sich in der ersten Wochenhälfte aller Handelsgeschäfte. Gefahr eines ernsten Sturzes!' Das könnte mir auf diesem Weg passieren", meinte Mr. Thomas. „Die Horoskope reden immer in Gleichnissen und mit Doppelsinn." An der Tür des Abortes blieb er stehen. „Was ist da drinnen los?" rief er.

said yesterday? 'Abstain from any dealings in first half of week. Danger of serious crash.' That might be on this path," Mr. Thomas said. "They speak in parables and double meanings." He paused at the door of the loo. "What's the matter in there?" he called. There was no reply.

"Perhaps he's fainted," the boy said.

"Not in my loo. Here, you, come out," Mr. Thomas said, and giving a great jerk at the door he nearly fell on his back when it swung easily open. A hand first supported him and then pushed him hard. His head hit the opposite wall and he sat heavily down. His bag hit his feet. A hand whipped the key out of the lock and the door slammed. "Let me out," he called, and heard the key turn in the lock. "A serious crash," he thought, and felt dithery and confused and old.

A voice spoke to him softly through the star-shaped hole in the door. "Don't worry, Mr. Thomas," it said, "we won't hurt you, not if you stay quiet."

Mr. Thomas put his head between his hands and pondered. He had noticed that there was only one lorry in the car park, and he felt certain that the driver would not come for it before the morning. Nobody could hear him from the road in front, and the lane at the back was seldom used. Anyone who passed there would be hurrying home and would not pause for what they would certainly take to be drunken cries. And if he did call "Help," who, on a lonely Bank Holiday evening, would have the courage to investigate? Mr. Thomas sat on the loo and pondered with the wisdom of age.

After a while it seemed to him that there were sounds in the silence—they were faint and came from the direction of his house. He stood up and peered through the ventilation-hole—between the cracks in one of the shutters he saw a light, not the light of a lamp, but the wavering light that a candle might give. Then he thought he heard the sound of hammering and scraping and chipping. He thought of burglars—perhaps they had employed the boy as a scout, but why should burglars engage in what

Keine Antwort.

„Vielleicht ist er ohnmächtig geworden", sagte der Junge.

„Nicht in meinem Klosett. Heda, komm raus", schrie Mr. Thomas. Mit aller Kraft riss er an der Tür und fiel fast auf den Rücken, als sie ohne Widerstand aufschwang. Eine Hand stützte ihn zunächst, dann aber stieß sie ihn mit aller Gewalt nach vorn. Mit dem Kopf krachte er gegen die Hinterwand, dann setzte er sich wuchtig nieder. Der Koffer schlug ihm auf die Füße. Nun zog eine Hand blitzschnell den Schlüssel aus dem Schloss, und die Tür fiel mit einem Knall zu. „Laßt mich raus!" brüllte Mr. Thomas und hörte, wie der Schlüssel im Schloss umgedreht wurde. ‚Ein ernster Sturz', dachte er zitternd vor Angst und verwirrt und fühlte sich sehr alt.

Durch das sternförmige Loch in der Tür flüsterte jetzt eine Stimme zu ihm herein: „Machen Sie sich keine Sorgen, Mr. Thomas. Wenn Sie sich ruhig verhalten, dann tun wir Ihnen nichts."

Mr. Thomas legte den Kopf zwischen seine Hände und überlegte. Er hatte bemerkt, dass auf dem Parkplatz ein Lastkraftwagen stand, und war überzeugt, dass der Fahrer erst am nächsten Morgen kommen würde, um ihn abzuholen. Niemand konnte ihn von der Straße an der Vorderfront des Hauses hören, und das Gässchen an der Rückseite war wenig begangen. Wenn jemand dort vorüberkam, dann hatte er es eilig, nach Hause zu gelangen, und würde nicht stehenbleiben, nur weil er Rufe hörte, die er für die eines Betrunkenen halten musste. Und wenn er um Hilfe rief, wer würde an einem einsamen Feiertagsabend den Mut aufbringen, die Sache zu untersuchen? Mr. Thomas saß auf dem Sitzbrett seines Aborts und machte sich mit der Weisheit des Alters seine Gedanken.

Nach einer Weile schien es ihm, dass in der Stille einzelne Laute vernehmbar wurden – sie waren ganz leise und kamen aus der Richtung seines Hauses. Er erhob sich und spähte durch das Luftloch. Zwischen den Latten eines Fensterladens sah er Licht, nicht den Schein einer Lampe, sondern flackerndes Licht, das von einer Kerze stammen mochte. Dann vermeinte

sounded more and more like a stealthy form of carpentry? Mr. Thomas let out an experimental yell, but nobody answered. The noise could not even have reached his enemies.

4

Mike had gone home to bed, but the rest stayed. The question of leadership no longer concerned the gang. With nails, chisels, screwdrivers, anything that was sharp and penetrating they moved around the inner walls worrying at the mortar between the bricks. They started too high, and it was Blackie who hit on the damp course and realized the work could be halved if they weakened the joints immediately above. It was a long, tiring, unamusing job, but at last it was finished. The gutted house stood there balanced on a few inches of mortar between the damp course and the bricks.

There remained the most dangerous task of all, out in the open at the edge of the bomb site. Summers was sent to watch the road for passers-by, and Mr. Thomas, sitting on the loo, heard clearly now the sound of sawing. It no longer came from his house, and that a little reassured him. He felt less concerned. Perhaps the other noises too had no significance.

A voice spoke to him through the hole. "Mr. Thomas."

"Let me out," Mr. Thomas said sternly.

"Here's a blanket," the voice said, and a long gray sausage was worked through the hole and fell in swathes over Mr. Thomas's head.

"There's nothing personal," the voice said. "We want you to be comfortable tonight."

"Tonight," Mr. Thomas repeated incredulously.

"Catch," the voice said. "Penny buns—we've buttered them, and sausage-rolls. We don't want you to starve, Mr. Thomas."

Mr. Thomas pleaded desperately. "A joke's a joke, boy. Let me out and I won't say a thing. I've

er Geräusche wie Hämmern, Kratzen und Meißeln zu hören. Er dachte an Einbrecher – vielleicht hatten sie den Jungen als Aufpasser verwendet. Aber weshalb sollten sich Einbrecher mit einer Tätigkeit abgeben, die ihm immer mehr wie eine geheimnisvolle Zimmermannsarbeit vorkam? Mr. Thomas stieß versuchsweise einen lauten Schrei aus, aber niemand antwortete ihm. Der Ruf konnte nicht einmal bis zu seinen Feinden gedrungen sein.

4

Mike war nach Hause und zu Bett gegangen, die übrigen aber blieben da. Die Frage der Führerschaft beschäftigte die Bande nicht mehr. Mit Nägeln, Meißeln, Schraubenziehern, kurz, allem, was scharf und durchdringend war, bewegten sie sich an den Innenwänden entlang und stemmten den Mörtel zwischen den Mauerziegeln heraus. Sie begannen zu hoch oben, und es war Blackie, der auf die Horizontalisolierung stieß und erkannte, dass die Arbeit um die Hälfte verringert werden könnte, wenn sie die Fugen unmittelbar darüber lockerten. Es war eine langwierige, ermüdende und eintönige Arbeit, doch endlich war sie erledigt. Das innen völlig ausgeplünderte Haus hielt sich auf einer wenige Zoll dicken Mörtelschicht zwischen Horizontalisolierung und den Backsteinen gerade noch im Gleichgewicht.

Nun blieb noch die allergefährlichste Aufgabe, die draußen im Freien am Rande des zerbombten Geländes zu vollführen war. Summers wurde ausgesandt, die Straße nach Passanten zu beobachten, und Mr. Thomas, der in seinem Klosett saß, vernahm jetzt deutlich das Geräusch des Sägens. Es kam nicht mehr aus seinem Hause, und das beruhigte ihn ein bisschen. Er fühlte sich weniger davon betroffen. Vielleicht hatten auch die anderen Geräusche keine besondere Bedeutung.

Plötzlich redete ihn durch das Luftloch eine Stimme an: „Mr. Thomas."

„Lasst mich raus", forderte er barsch.

„Hier ist eine Decke", sagte die Stimme, und eine lange graue Wurst wurde durch die Öffnung geschoben und fiel in Wellen über seinen Kopf herab.

„Gegen Sie persönlich haben wir nichts",

got rheumatics. I got to sleep comfortable."

"You wouldn't be comfortable, not in your house, you wouldn't. Not now."

"What do you mean, boy?" but the footsteps receded. There was only the silence of night: no sound of sawing. Mr. Thomas tried one more yell, but he was daunted and rebuked by the silence—a long way off an owl hooted and made away again on its muffled flight through the soundless world.

At seven next morning the driver came to fetch his lorry. He climbed into the seat and tried to start the engine. He was vaguely aware of a voice shouting, but it didn't concern him. At last the engine responded and he backed the lorry until it touched the great wooden shore that supported Mr. Thomas's house. That way he could drive right out and down the street without reversing. The lorry moved forward, was momentarily checked as though something were pulling it from behind, and then went on to the sound of a long rumbling crash. The driver was astonished to see bricks bouncing ahead of him, while stones hit the roof of his cab. He put on his brakes. When he climbed out the whole landscape had suddenly altered. There was no house beside the car park, only a hill of rubble. He went round and examined the back of his car for damage, and found a rope tied there that was still twisted at the other end round part of a wooden strut.

The driver again became aware of somebody shouting. It came from the wooden erection which was the nearest thing to a house in that desolation of broken brick. The driver climbed the smashed wall and unlocked the door. Mr. Thomas came out of the loo. He was wearing a gray blanket to which flakes of pastry adhered. He gave a sobbing cry. "My house," he said. "Where's my house?"

"Search me," the driver said. His eye lit on the remains of a bath and what had once been a dresser and he began to laugh. There wasn't anything left anywhere.

"How dare you laugh," Mr. Thomas said. "It was my house. My house."

fuhr die Stimme fort. „Wir wollen, dass Sie es heute Nacht gemütlich haben."

„Heute Nacht!" wiederholte Mr. Thomas ungläubig.

„Fangen Sie!" befahl die Stimme dann. „Brötchen – wir haben sie mit Butter bestrichen, und Wurstsemmeln. Wir möchten nicht, dass Sie verhungern, Mr. Thomas."

Verzweifelt bettelte der Alte: „Ein Ulk ist ein Ulk, Junge. Aber jetzt lass mich raus, und ich will kein Wort mehr darüber verlieren. Ich habe Rheumatismus. Ich muss in einem bequemen Bett schlafen."

„Sie würden es nicht bequem haben, in Ihrem Haus bestimmt nicht. Jetzt nicht."

„Was soll das heißen, Junge?" fragte er, doch die Schritte verklangen. Jetzt umgab ihn nur noch die Stille der Nacht. Kein Säge- geräusch war zu hören. Mr. Thomas versuchte noch einmal einen Schrei, doch das Schweigen schüchterte ihn ein und war wie ein Vorwurf. In weiter Ferne schrie dumpf eine Eule, dann flog sie mit gedämpftem Flügelschlag durch die lautlose Welt davon.

Um sieben Uhr am nächsten Morgen kam der Fahrer seinen Lastkraftwagen abholen. Er kletterte in den Führersitz und versuchte den Motor anzuwerfen. Ganz deutlich hörte er jemand schreien, aber das kümmerte ihn wenig. Endlich sprang der Motor an. Er fuhr den Wagen rückwärts, bis er fast die Holzver- schalung berührte, die das Haus des Mr. Tho- mas stützte. So konnte er geradewegs aus dem Parkplatz auf die Straße hinausfahren, ohne nochmals rückwärtsfahren zu müssen. Der Lastwagen rollte nach vorn, wurde einen Augenblick lang in seiner Fahrt gehemmt, als ob irgend etwas an seinem Hinterende zöge, und dann bewegte er sich wieder vorwärts. Zugleich ertönte von hinten ein langgezoge- nes, rollendes Krachen. Voll Staunen bemerkte der Lenker, dass Ziegelsteine vor ihm auf dem Boden umherwirbelten, während andere auf das Dach der Fahrerkabine prasselten. Er trat auf die Bremse. Als er ausstieg, hatte sich mit einmal die ganze Gegend verändert. Am Rande des Parkplatzes fand er kein Haus mehr, son- dern nur noch einen riesigen Schutthaufen. Er ging um sein Lastauto herum, um nachzuse-

"I'm sorry," the driver said, making heroic efforts, but when he remembered the sud- den check to his lorry, the crash of bricks fall- ing, he became convulsed again. One moment the house had stood there with such dignity between the bomb sites like a man in a top hat, and then, bang, crash, there wasn't anything left—not anything. He said, "I'm sorry. I can't help it, Mr. Thomas. There's nothing personal, but you got to admit it's funny."

hen, ob es beschädigt worden war. Dabei entdeckte er ein Seil, das ans Heck des Wagens angebunden und dessen anderes Ende um einen hölzernen Stützpfeiler geknüpft worden war. Wieder hatte der Fahrer den Eindruck, dass jemand um Hilfe rufe. Die Schreie kamen aus dem hölzernen Häuschen, das in dieser Wüste von zertrümmerten Ziegeln das einzige war, das noch eine Ähnlichkeit mit einer menschlichen Behausung aufwies. Der Fahrer kletterte über die zerstörte Mauer und schloss die Tür auf. Mr. Thomas trat aus seinem Klosett heraus. Er war in eine graue Wolldecke gehüllt, an der kleine Weißbrotkrumen hafteten. Jetzt stieß er einen schluchzenden Schrei aus: „Mein Haus! Wo ist mein Haus?"

„Keine Ahnung!" antwortete der Chauffeur. Sein Blick fiel auf die Überreste einer Badewanne und auf das, was einmal eine Kommode gewesen war, und er brach in Gelächter aus. Nichts war übriggeblieben.

„Wie können Sie es wagen, zu lachen?" schrie Mr. Thomas. „Es war mein Haus! Mein Haus!"

„Entschuldigen Sie", sagte der Fahrer mit einer heroischen Anstrengung. Als er aber an den plötzlichen Ruck dachte, mit dem sein Lastwagen gebremst worden war, an das Krachen der fallenden Steine, da krümmte er sich aufs neue vor Lachen. Eben hatte das Haus noch mit der Würde eines Herrn im Zylinderhut unter den Bombenruinen gestanden, dann kam ein lauter Krach – und nichts mehr war da – nichts mehr. „Entschuldigen Sie. Aber ich kann mir nicht helfen, Mr. Thomas. Es ist nicht persönlich gemeint, aber Sie müssen zugeben, dass es zu komisch ist."

Marianna Simnett

Geboren / Born in London, GB, 1986
Lebt und arbeitet / Lives and works in Berlin, DE

Ausbildung /
Education

2013
MA Slade School of Fine Art, London, GB

2007
BA Nottingham Trent University, Nottingham, GB

Ausgewählte Einzelausstellungen /
Selected Solo Exhibitions

2024
Marianna Simnett: WINNER. Hamburger Bahnhof – Nationalgalerie der Gegenwart, Berlin, DE; Katalog / catalog

2023
GORGON. In Auftrag gegeben durch / Commissioned by LAS Art Foundation, HAU 2 – Hebbel am Ufer, Berlin, DE

2022
OGRESS. Société, Berlin, DE

2020
CREATURE. Institute of Modern Art, Brisbane, AU (weitere Station / traveled to: City Gallery Wellington Te Whare Toi, Wellington, NZ)

2019
LAB RATS. Kunsthalle Zürich, Zürich / Zurich, CH
My Broken Animal. Frans Hals Museum, Haarlem, NL
SEIZURE. Copenhagen Contemporary, Kopenhagen / Copenhagen, DK

2018
Marianna Simnett. MMK Museum für Moderne Kunst, Frankfurt, DE
Blood in My Milk. New Museum, New York, NY, US
Marianna Simnett. Zabludowicz Collection, London, GB

2017
Worst Gift. Matt's Gallery, London, GB

2015
Blue Roses. Park Nights, Serpentine Pavilion, London, GB
Blue Roses. Comar, Isle of Man, GB

2014
Marianna Simnett. Acme Project Space, London, GB

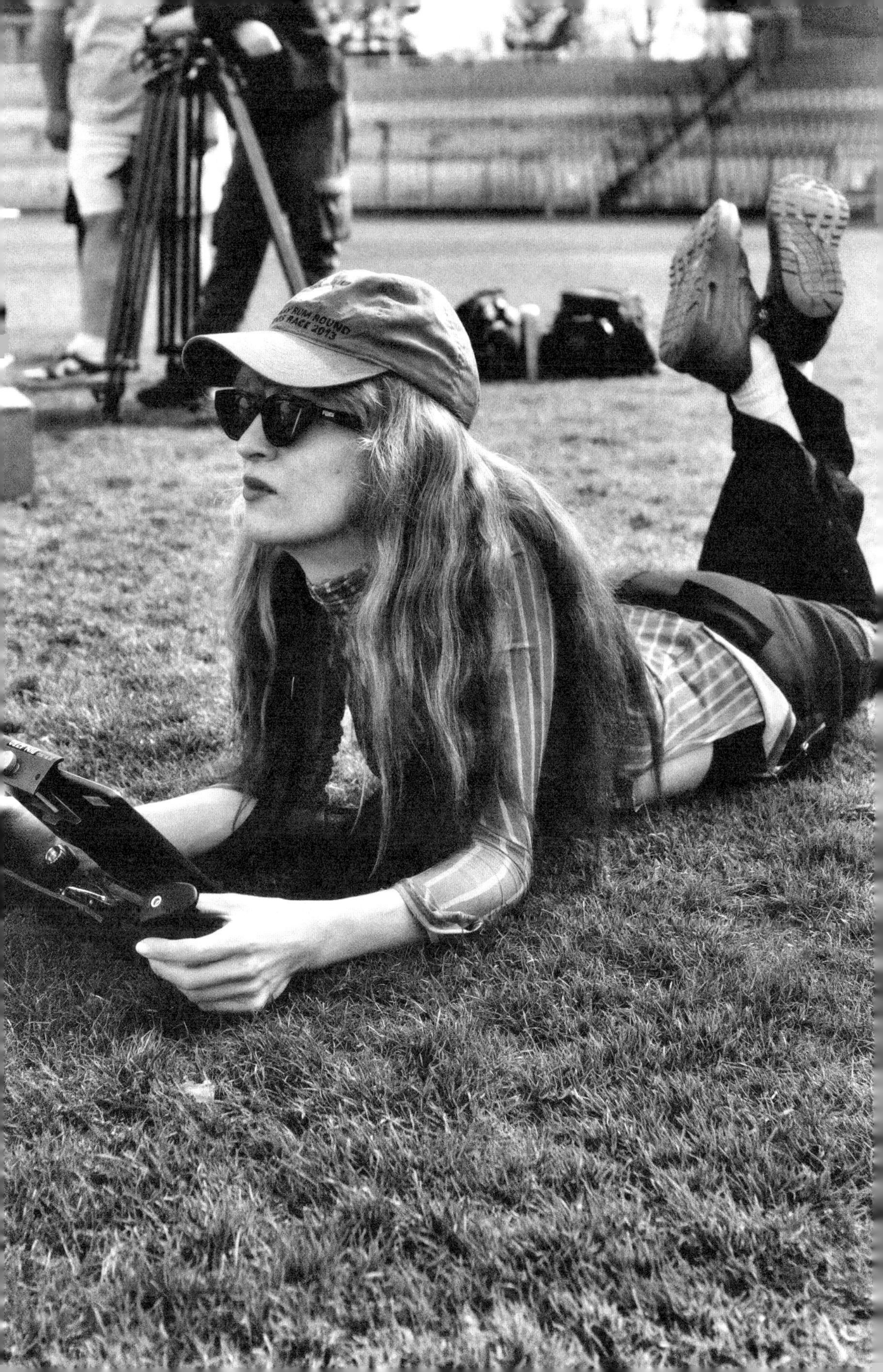

Ausgewählte Gruppenausstellungen /
Selected Group Exhibitions

2024
Cybernetic Serendipity: Towards AI. ICA, London, GB

2023
From the Other Side. Australian Centre for Contemporary Art, Melbourne, AU; Katalog / catalog
Bodies of Identities. Casino Luxembourg, Luxemburg, LU
Chrysalis: The Butterfly Dream. Centre d'Art Contemporain Genève, Genf / Geneva, CH
1,5 Grad / 1.5 Degrees. Kunsthalle Mannheim, Mannheim, DE; Katalog / catalog
The King Is Dead, Long Live the Queen. Museum Frieder Burda, Baden-Baden, DE

2022
The Milk of Dreams. La Biennale di Venezia, Venedig / Venice, IT; Katalog / catalog
Espressioni: La proposizione. Castello di Rivoli, Turin, IT
66th BFI London Film Festival. British Film Institute, London, GB
Kunstpreis der Böttcherstraße. Kunsthalle Bremen, Bremen, DE; Katalog / catalog
Arcadia Friesland. Leeuwarden, NL
Dark Mofo. Museum of Old and New Art, Hobart, Tasmanien / Tasmania, AU
Interspecies and Other Others. Abbotsford Convent, Abbotsford, AU

2021
FIGURE/S: drawing after Bellmer. The Drawing Room, London, GB; Katalog / catalog
British Art Show 9. Aberdeen Art Gallery, Aberdeen, GB (weitere Stationen / traveled to: Wolverhampton, GB; Manchester, GB; Plymouth, GB); Katalog / catalog
Studio Berlin. Berghain, Berlin, DE; Katalog / catalog

The Holding Environment. Bonner Kunstverein, Bonn, DE
The Dreamers. 58th October Salon exhibition, Belgrad / Belgrade, RS; Katalog / catalog
A Fire in My Belly. Julia Stoschek Collection, Berlin, DE; Katalog / catalog
Beyond the Pain. Galerie Stadt Sindelfingen, Stuttgart, DE; Katalog / catalog

2020
Participation Mystique. Ming Contemporary Art Museum, Shanghai, CN
Unprecedented Times. Kunsthaus Bregenz, Bregenz, AT
Me, Family. MUDAM, Luxembourg, LU; Katalog / catalog
It's Urgent! Part II. Luma Foundation, Arles, FR; Katalog / catalog
Stakes of Conscious(ness). NTU Center for Contemporary Art, Singapur / Singapore, SG

2019
It's Urgent! Luma Westbau, Zürich / Zurich, CH; Katalog / catalog
Witchy Methodologies. London Contemporary Music Festival, London, GB
Straying from the Line. Schinkel Pavillon, Berlin, DE
The Body Electric. Walker Art Center, Minneapolis, MN, US (weitere Station / traveled to: YBCA, San Francisco, CA, US)
Performing Society: The Violence of Gender. Tai Kwun Contemporary, Hongkong / Hong Kong, HK
Disappearing Berlin. Schinkel Pavillon, Berlin, DE

2018
The Needle & The Larynx. Channel 4 Random Acts, TV, GB
First Morning Fest of Unreasonable Acts. Palazzo Bentivoglio, Bologna, IT
Transitional States. Project Space Plus, Lincoln, GB (weitere Stationen / traveled to: Peltz Gallery, London, GB; Centre de Cultura Contemporània de Barcelona, Barcelona, ES; LABS Gallery Arte Contemporanea, Bologna, IT; Cavó, Triest / Trieste, IT); Katalog / catalog

Anti. Athens Biennale, Athen / Athens, GR;
Katalog / catalog

Auszeichnungen und Stipendien /
Awards, Fellowships and Grants

2020
Film London Lodestar 2020 (Kategorie /
category: Artist Filmmaker), London, GB

2018
Artist Residency, FD13, Minneapolis, MN, US

2017
Artist Residency, Gasworks / URRA, Buenos
Aires, AR
Film London Jarman Award, London, GB
(shortlisted)

2015
Jerwood / Film and Video Umbrella Award,
London, GB
Selected 4, FLAMIN / videoclub, London, GB

Öffentliche Sammlungen /
Public Collections

Arsenal art contemporain Montréal, Montreal,
CA
Arts Council Collection, London, GB
Frans Hals Museum, Haarlem, NL
MMK Museum für Moderne Kunst, Frankfurt
am Main, DE
Zabludowicz Collection, London, GB

Impressum / Imprint

Diese Publikation erscheint anlässlich der Ausstellung /
Published on the occasion of the exhibition
Marianna Simnett. WINNER
17. Mai – 3. November 2024 /
May 17 – November 3, 2024
im / at Hamburger Bahnhof – Nationalgalerie der
Gegenwart, Staatliche Museen zu Berlin
Direktoren / Directors: Sam Bardaouil & Till Fellrath
smb.museum/hbf

Ausstellung / Exhibition

Kurator*innen / Curators: Sam Bardaouil & Till Fellrath,
Charlotte Knaup
Restauratorische Betreuung / Conservation: Elisa Carl
Ausstellungskoordination / Exhibition Coordination:
Elena Mortini, Sophie Schattner
Kommunikation / Communication: Fiona Geuß,
Anna Nike Sohrauer
Kunstvermittlung / Mediation: Claudia Ehgartner
Sekretariat / Office: Katrin Berendsen
Sammlungsverwalter / Collection Management:
Jörg Lange, Thomas Seewald
Haustechnik / Maintenance: Stefan Gösche,
Dirk Wagner, Frank Wloka
Praktikantinnen / Interns: Ario Behshad, Philip Bunk,
Anna De Luca, Robert Schlücker, Anica Tengelmann,
Gretchen Sorge

Technische Produktion / Technical Producer:
Henry Eigenheer
Art Handling und Ausstellungsbau / Art Handling and
Exhibition Construction: LICHTblick Bühnentechnik
Medientechnik / Audiovisuals: EIDOTECH
Ausstellungsgrafik / Exhibition Graphics: Eps51
Produktion Ausstellungsgrafik / Production of Exhibition
Graphics: Annette Herwegh

Publikation / Catalog

Für die / For the Nationalgalerie – Staatliche Museen
zu Berlin herausgegeben von / edited by
Sam Bardaouil & Till Fellrath
Autor*innen / Authors: Sam Bardaouil,
Jonathan A. Bourget, Graham Greene, Charlotte Knaup,
Marianna Simnett
Redaktion / Editing: Lisa Hörstmann
Übersetzungen / Translations: Volker Ellerbeck,
Lisa Hörstmann, Charlotte Knaup, Walther Puchwein

Cover, S. / pp. 20–31: Marianna Simnett, *WINNER*, 2024,
Super-16-mm-Film übertragen auf Video / Super 16mm
film transferred to video, Filmstandbild / film still
S. / pp. 1–8, 108–115: Marianna Simnett, *WINNER*, 2024,
hinter den Kulissen / behind the scenes
S. / pp. 32–39: Marianna Simnett, *WINNER*, 2024,
Filmstandbild / film still
S. / pp. 62–75: Ausstellungsansicht / Installation view,
Marianna Simnett. WINNER, Hamburger Bahnhof –
Nationalgalerie der Gegenwart, 2024

Silvana Editoriale

Hauptgeschäftsführung / Chief Executive: **Michele Pizzi**
Verlagsleitung / Editorial Director: **Sergio Di Stefano**
Art Director: Giacomo Merli
Redaktionskoordination / Editorial Coordinator:
Chiara Tulli
Korrektorat / Copy Editor: **Cristina Pradella**
Produktionskoordination / Production Coordinator:
Antonio Micelli
Redaktionsassistenz / Editorial Assistant:
Giulia Mercanti
Photo Editor: Silvia Sala
Pressestelle / Press Office: **Lidia Masolini**

Visuelles Konzept und Design / Visual Concept and
Design: **Eps51**
Druck und Bindung / Printing and Binding:
Tipostampa, Moncalieri
Papier / Paper: **Fedrigoni Arena White Rough**
Schriften / Typefaces: **Bagoss Variable**

Erschienen bei / Published by **Silvana Editoriale S.p.A.**,
Mailand / Milano. **www.silvanaeditoriale.it**

Graham Greene: „Zerstörungswut" aus: *Erzählungen*.
Aus dem Englischen von Walther Puchwein
© Paul Zsolnay Verlag Gesellschaft m. b. H.,
Wien / Hamburg 1977 /

Graham Greene, "The Destructors" published in:
Twenty-One Stories, London: Vintage Classics, 2001
© Graham Greene, 1954.

Die Deutsche Nationalbibliothek verzeichnet diese Publikation in der Deutschen Nationalbibliografie; detail-
lierte bibliografische Daten sind im Internet über http://
dnb.dnb.de abrufbar. / The German National Library
lists this publication in the German National Bibliography.
Detailed bibliographic data are available
at http://dnb.dnb.de.

Printed in the EU
ISBN: 9788836656608

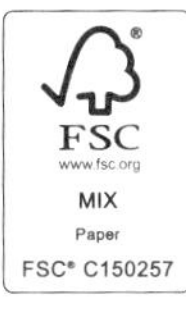

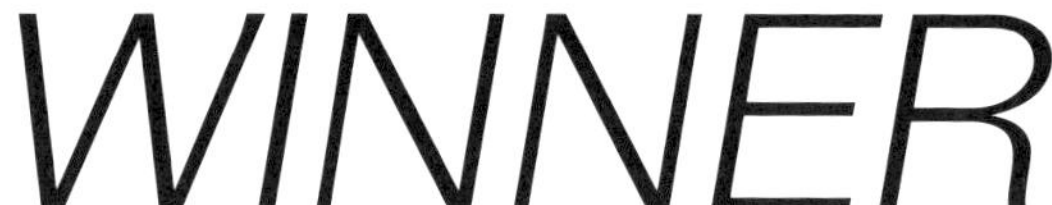

Drehbuch und Regie / Written and Directed by:
Marianna Simnett
Produzentin / Producer: Sybella Stevens
Ausführender Produzent / Executive Producer:
Jannis Birsner
Technical Producer: Henry Eigenheer
Produktion / Production: VERS
Misery The Referee: Wendy Houstoun
Trevor: Magnus Westwell
Cock Callum: Luigi Nardone
Cock Robin: Archie White
Cock Wren: Imogen Alvares
Cock Eagle: Yi-Chi Lee
Cock Maverick: Caiti Carpenter
Sexy Ladies: Gigi Spelsberg
Winner Baby: Lotti Mann
Babies: Cléo Sol, Cleopatra Zappa,
Espen Höjer-Daemgen, Gaia Jira Raza, Margot Ruby,
Roma Erenberg Mastey, Rudy Jude, Theo Cox
Kamera / Director of Photography: Robbie Ryan, BSC
Second Unit Kamera / Second Unit Director of
Photography: Leander Ott
Bühnenbild / Production Designer: Sebastian Soukop,
VSK
Schnitt / Editor: Bobby Good
Choreograf / Choreographer: Ben Duke
Ko-Choreograf / Co-Choreographer: Liam Francis
Kostüm / Costume Designer: Charlotte Buchal
Komponist, Originaltitel von / Music, Original Tracks by:
Bendik Giske
Ton entworfen und gemischt von / Sound Designed and
Mixed by: Brendan Feeney / Wave Studios, London
Koproduzentin / Co-producer: Tine Mikkelsen
Herstellungsleitung / Line Producer: Nicholas McCann
Erste Regieassistenz / First Assistant Director: Imri Kahn
Zweite Regieassistenz / Second Assistant Directors:
Spyros Patsouras, Nela Mie Cara
Assistenz Bühnenbild / Assistant Production Designer:
Matthias Wanka
Art Director: Stefanie Becker
Set Designer: Lisa Meyer
Assistenz Art Director / Assistant Art Director:
Louis Loges
Bau / Construction Company: buk filmbau GmbH
Bauleitung / Construction Manager: Tobias Bergner
Kulissenmalerei / Scenic Painter: Eva-Maria Müller
Set Decorator: Martina Dimitrova
Set Dressers: Nora Bock, Ana Maria Alarcón Quinche,
Lore Walter, Petra Popangelova, Jana Boenisch
Prop Master: Nina Hirschberg
Requisite / Prop Designer: Isi Duchemin
Requisitenbau / Prop Builder: Peter Mühlenkamp
Assistenz Requisite / Prop Assistants:

Enkhbayar Davaatseren, Zegdragchaa Ganbaatar
Requisitenfahrer / Prop Drivers: Kevin Kerle,
Norman Schmidt
Bereitschaft Bau / Standby Construction:
Torsten Münch, Rico Wagner
Location Scout & Manager: Bashaar Wahab
Steadicam: Lucas Heinze
Erste Kameraassistenz / First Assistant Camera:
Tom Zylla
Second Unit Erste Kameraassistenz / Second Unit First
Assistant Camera: Florence Goodlad-Skinner
Second Unit Zweite Kameraassistenz / Second Unit
Second Assistant Camera: Mahdiyeh Agahi,
Long Vo Thanh
Zweite Kameraassistenz / Clapper Loader:
Andrea Pedrinelli
Auszubildender Kamera / Camera Trainee: Jonas Jehle
DIT / VTR: Frank Hellwig
Ton, Angel / Sound Recordist, Boom Operator:
Andrea Schmidt
Gaffer: Jens Thurmann
Best Boy: Tim Vallender
Lead Grip: Felix Schüler, Chris Sobisch
Best Boy Grip: Nemanja Gavrilovic
Elektrik / Electrician: Alex Brinkworth
Gesellen Elektrik / Junior Electricians: Noel Metzler,
Dominik Heim
Auszubildende Elektrik / Trainee Electricians:
Nikta Vvedenskiy, Femke Thurmann, Luka Heuer
Sonstige leichte Arbeiten / Additional Light Labor:
Samim Gardisi , Constantin Zielske
Maskenbild / Makeup Artist: Kenny Campbell
Assistenz Maskenbild / Makeup Artist Assistants:
Eleonore Ising, Lee Hyangsoon, Clara Flammia
Hairstylist / Hair Stylist: Ruby Howes
Assistenz Hairstylist / Hair Stylist Assistant: Leo Stern
Haarkoloristin / Hair Colorist: Julia Safstrom
Spezialeffekte Maskenbild / Special Effects Makeup
Artist: Una Ryu
Assistenz Spezialeffekte Maskenbild / Special Effects
Makeup Artist Assistant: Jesse Strikwerda
Produktionskoordination / Production Coordinator:
Henry Davidson
Set Manager: Robin Schmitt
Simnett Studioassistenz / Simnett Studio Assistant:
Jesse Slater
Produktionsassistenz / Production Assistants: Melanie
Glück, Robin Wasch, Adrian Escu, Leonard Abel
Schulze, Diyar Akar, Kristin Jakubek, Josephine
Salisbury Mills, Rosa Vill, Clara Winther
Bereitschaft Kostüm / Costume Standby: Luka Mues
Herstellung Kostüm / Costume Fabricator: Moritz Alte
Herstellung Latex / Latex Fabricator: Monique Fei

Ausstattung / Equipment: Vantage, Cinegate, 4Grips, Delight Rental Service, Kodak
Set Photographers: Melanie Glück, Kristin Jakubek
AI Manipulation Artist: Alan Ixba
Assistant AI Artist: Floor Toppets
Toningenieur / Recording Engineer: Oliver Busch, Jason LaFarge
Postproduktion Stimme / Vocal Post Production Engineer: Jane Arnison
Assistenz Schnitt / Assistant Editor: Monica De Alwis
Weiterer Schnitt / Additional Editor: Lukas Westtoft
Kolorierung / Colorist: Hannibal Lang
Conform Artists: Søren Gorm Knudsen, Oliver Wozny
Produktionsleitung / Head of Production, BaconX: Cilie Kragegaard
Conforming und / and Mastering: Steffen Benger, Simon Lytting
Voiceover / Voiceover Artists: Lydia Lunch, Julie Fogarty, Lisa Harres, Finn Ronsdorf, Colin Self
Postproduktion Ton / Post Production Sound: Wave Studios, London
Tonschnitt und -überwachung / Sound Designer & Supervising Sound: Brendan Feeney
Tongestaltung / Sound Designer: Maximilian Behrens
Foley Service: Cobblestone Foley
Foley Supervisor: Jacek Wiśniewski
Foley Artist: Katarzyna Jastrzębska, Bartosz Mazur
Foley Mixer: Michał Wilczewski, Beata Klimaszewska
Foley Editor: Jacek Wiśniewski, Kamil Kwiatkowski, Patrycja Klimczuk
Lizensierte Lieder / Licensed Songs: END, RUSH & FLUTTER etc. MOT SKOGAN
Gespielt von / Performed by: Bendik Giske
Komponiert von / Composed by: Bendik Giske
Erschienen bei / Published by: Smalltown Supersound / Sony / ATV Music Publishing
Verarbeitung 16-mm-Film, Film-Dailies und 4K-Scans / 16mm Film Processing, Film Dailies and 4K Scanning: Cinegrell Berlin
Interne Produktion Cinegrill / In House Producing Cinegrell: Ludwig Hagelstein
Filmverarbeitung / Film Processing Technicians: Elke Halbmeier, Michael Blum, Ronen Khazin, Kenan Alagic
Filminspektion, Vorbereitung und Qualitätskontrolle / Film Inspection, Preparation and Quality Control: Margrit Hübner, Syntje Gehrmann, Kai-Uwe Scheidung
Scannen und Lieferung von Dailies / Dailies Scanning and Deliverables: Viva Alagic
4K Scannen und Anpassung / 4K Scanning and Conforming: Ludwig Hagelstein
Shooting Locations: Friedrich-Ludwig-Jahn-Sportpark, Luxwerk Berlin, Studio Chérie

Besonderer Dank an / Special thanks: Aventos, Ben Eastham, Bernhard Gutowski, FGV Berlin, Hamburger Bahnhof, Henry Eigenheer, John Simnett, Julia Ballantyne-Way, Juri Maric, Lisa Sieber, Ludwig Hagelstein, Michael Boxrucker, Norbert Niclauss, Ralf Haeger, Rob Crosse, Sebastian Enke, Société, Stefano Cannas, Steffi Friebolin, Wendy Taylor
Eltern der Babys / Babies' Parents: Marie Regge, Jared Cox (Theo); Asad Raza, Kathrin Jira (Gaia); April Dell, Hugh McDonald, Daniela Petrosino (Rudy Jude); Lea Hohl, Nathan Lewi-Leveel (Cléo); Ariane Mason, Barry McManus (Margot); Descha Daemgen, Louise Höjer (Espen); Stephanie Mann, Frederick Mann (Lotti); Larissa Bechtold, Max Meuche (Cleo); Danielle Erenberg, Doron Mastey (Roma)

Abbildungsverzeichnis / Photo Credits

Für alle abgebildeten Werke von / for all reproduced
works by **Marianna Simnett**:
© Marianna Simnett

Foto / photo **Cover, S.** / pp. 20–39, 44, 45, 50, 51, 56, 57:
Courtesy Marianna Simnett and Société, Berlin.
Foto / photo **S.** / pp. 1, 2, 108, 109: © Kristin Jakubek.
Courtesy Marianna Simnett and Société, Berlin.
Foto / photo **S.** / pp. 3, 4, 99: © Femke Thurmann.
Courtesy Marianna Simnett and Société, Berlin.
Foto / photo **S.** / pp. 5, 6, 110, 111, 114, 115: © Robbie Ryan.
Courtesy Marianna Simnett and Société, Berlin.
Foto / photo **S.** / pp. 7, 112: © Mahdiye Agahi.
Courtesy Marianna Simnett and Société, Berlin.
Foto / photo **S.** / p. 13: © Anders Sune Berg.
Courtesy Marianna Simnett and Société, Berlin.
Foto / photo **S.** / p. 14: Courtesy Marianna Simnett,
Société, Berlin, and Castello di Rivoli Museo d'Arte
Contemporanea.
Foto / photo **S.** / p. 15: © Dorothea Tuch.
Courtesy Marianna Simnett, LAS Art Foundation,
and Société, Berlin.
Foto / photo **S.** / p. 16: Courtesy Marianna Simnett
and Serpentine Galleries, London.
Foto / photo **S.** / pp. 62–75: © Staatliche Museen
zu Berlin, Nationalgalerie / Jacopo La Forgia.
Courtesy Marianna Simnett and Société, Berlin.
Foto / photo **S.** / p. 113: © Leander Ott.
Courtesy Marianna Simnett and Société, Berlin.

Dank / Acknowl- edgements

Die Ausstellung ist ein Beitrag zum Kunst- und Kulturprogramm zur UEFA EURO 2024 und wird durch die Stiftung Fußball & Kultur EURO 2024 gGmbH mit Bundesmitteln gefördert. Die Ausstellung wird unterstützt von Hamburger Bahnhof International Companions e.V. / The exhibition is a contribution to the art and culture program for UEFA EURO 2024 and is supported by the Stiftung Fußball & Kultur EURO 2024 gGmbH with federal funds. The exhibition is supported by Hamburger Bahnhof International Companions e.V.

Die Publikation wurde ermöglicht durch die Freunde der Nationalgalerie. / The publication was made possible by Freunde der Nationalgalerie.

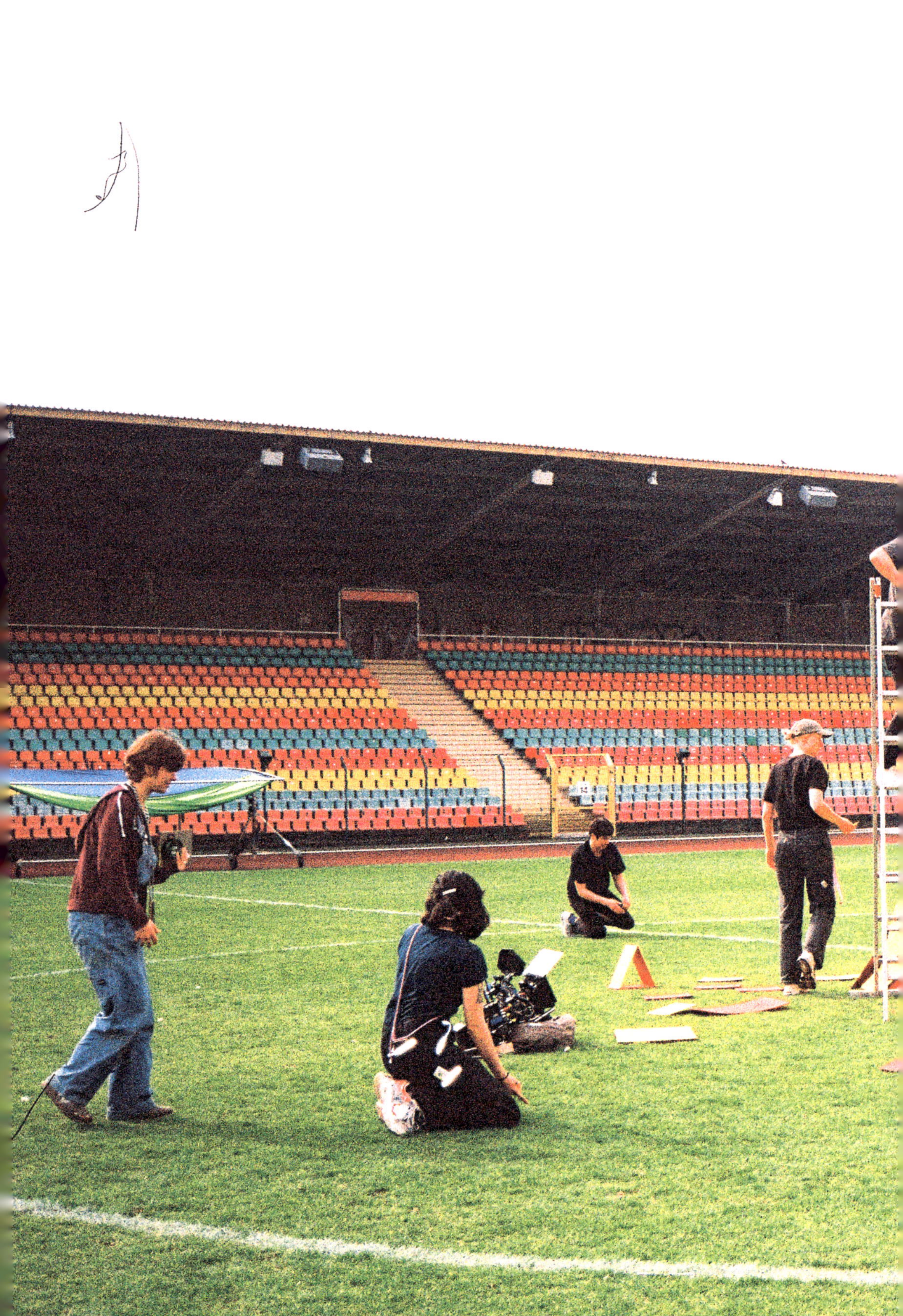

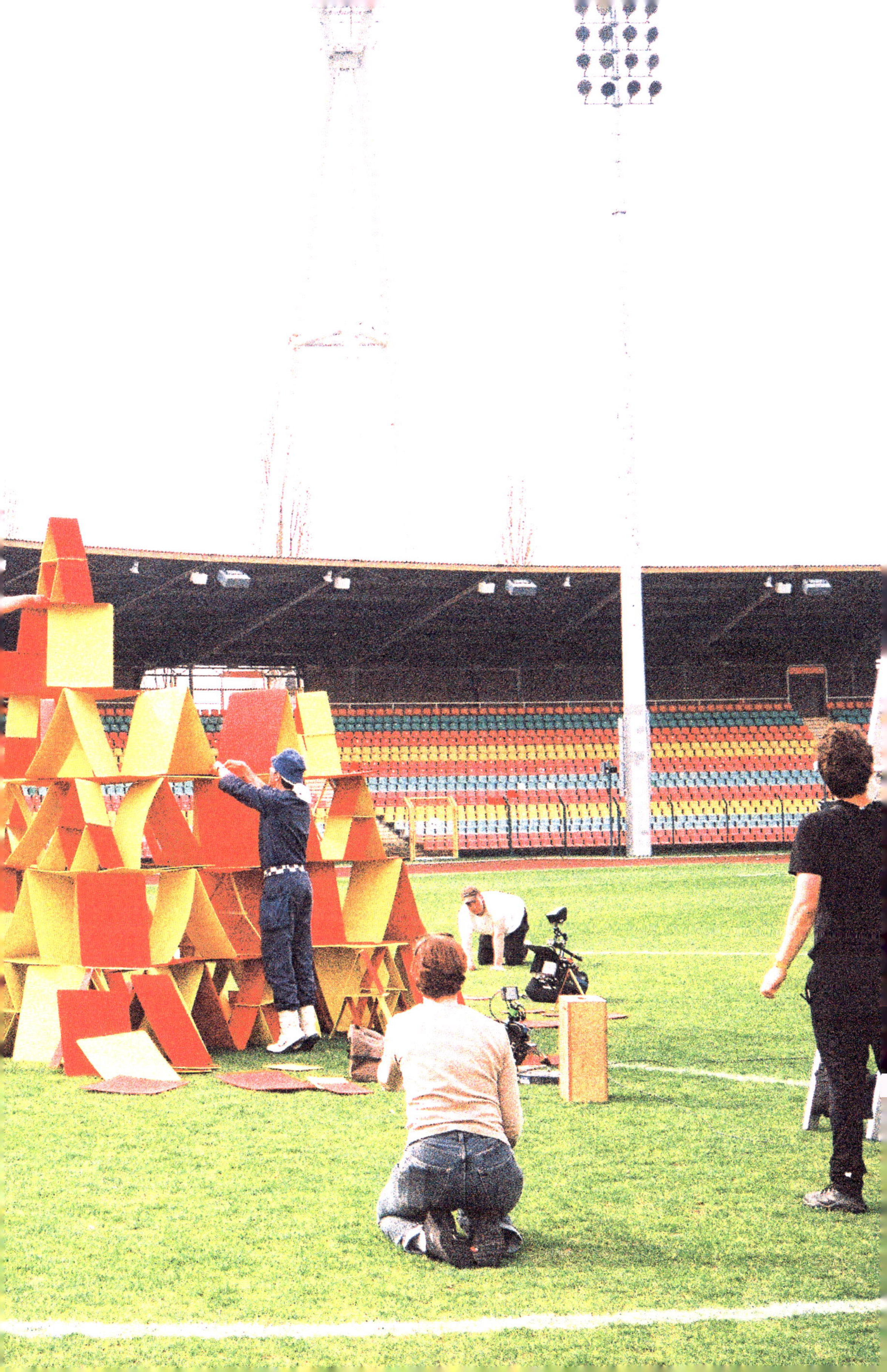

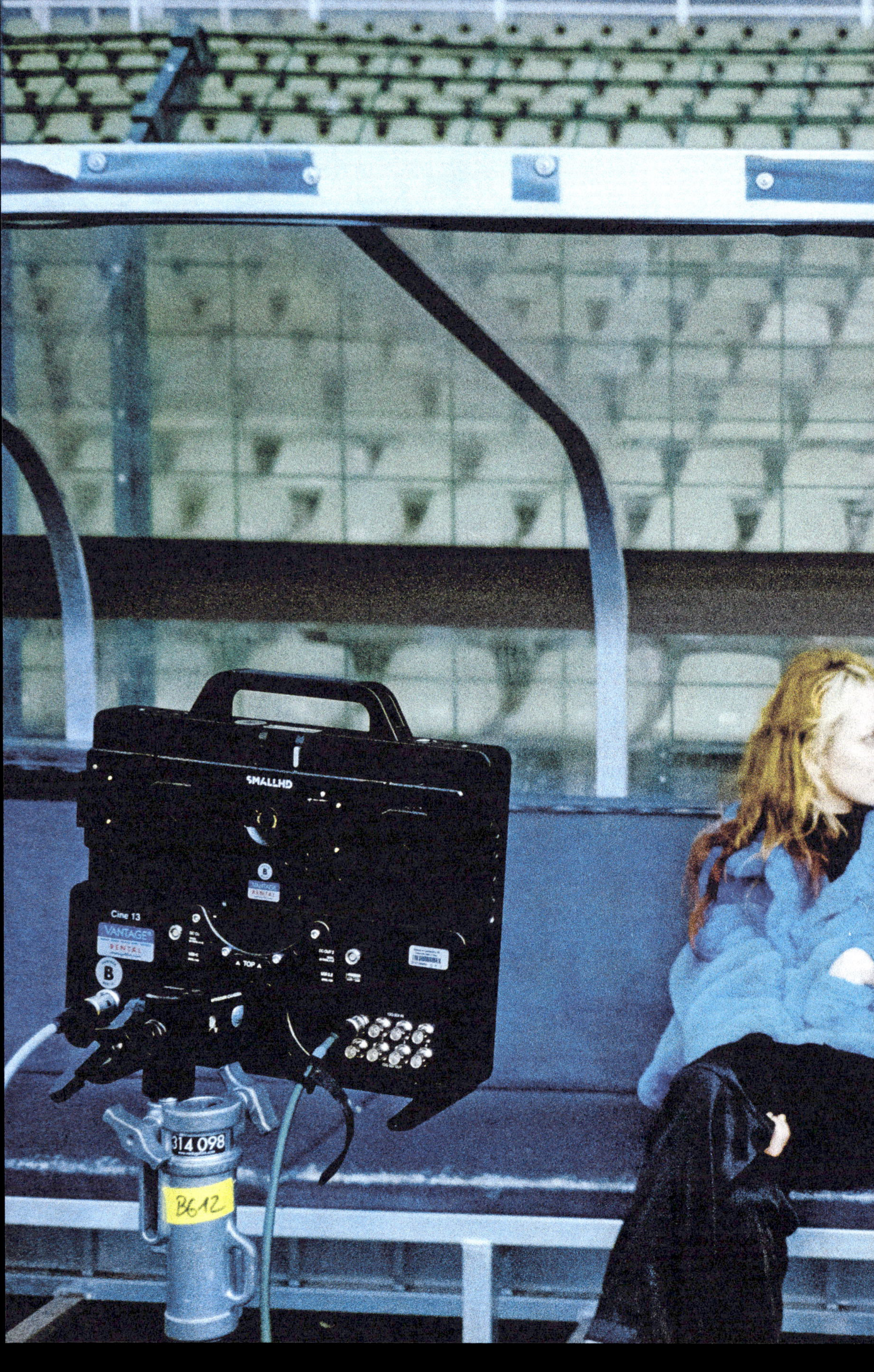

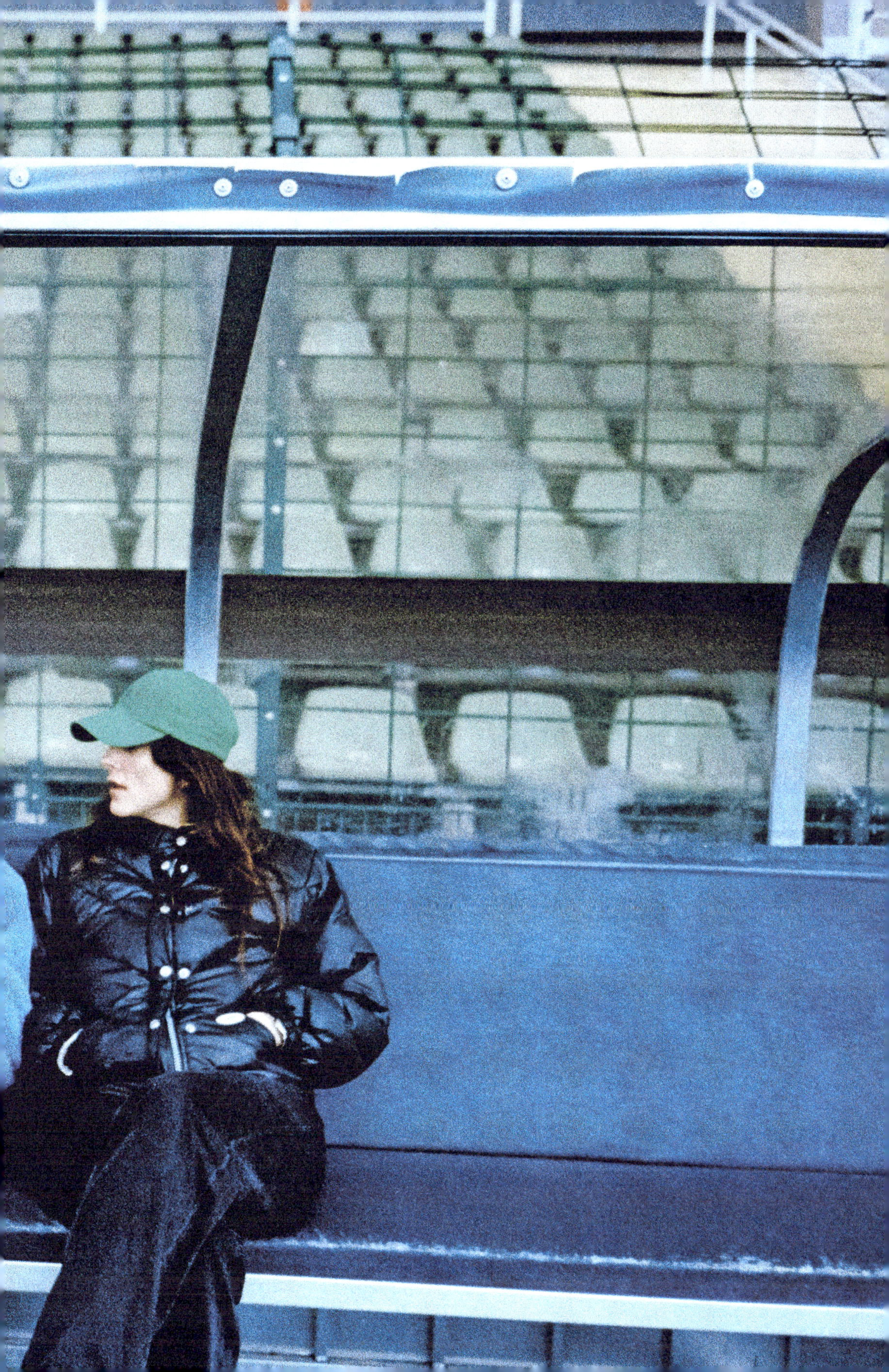

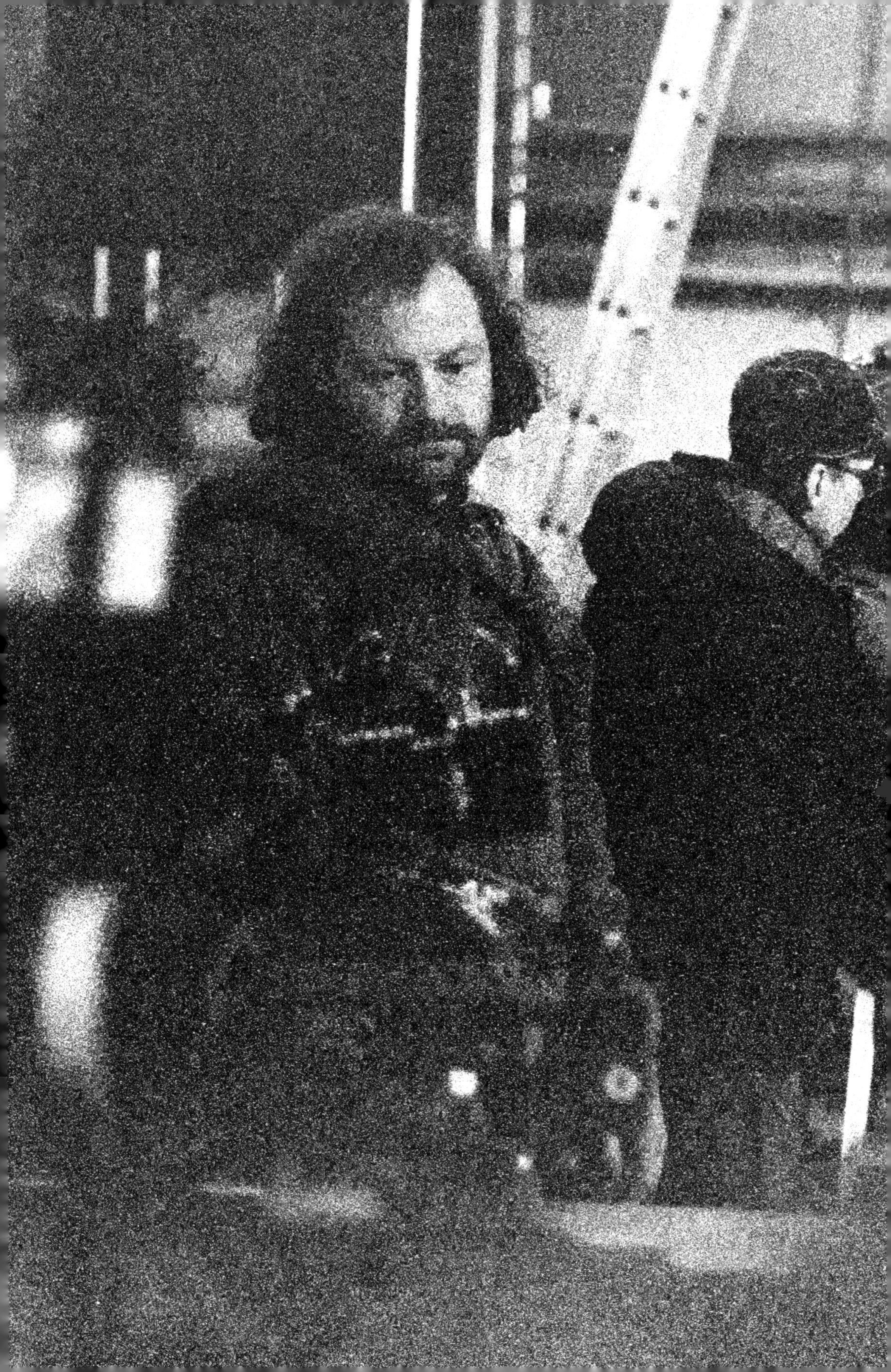

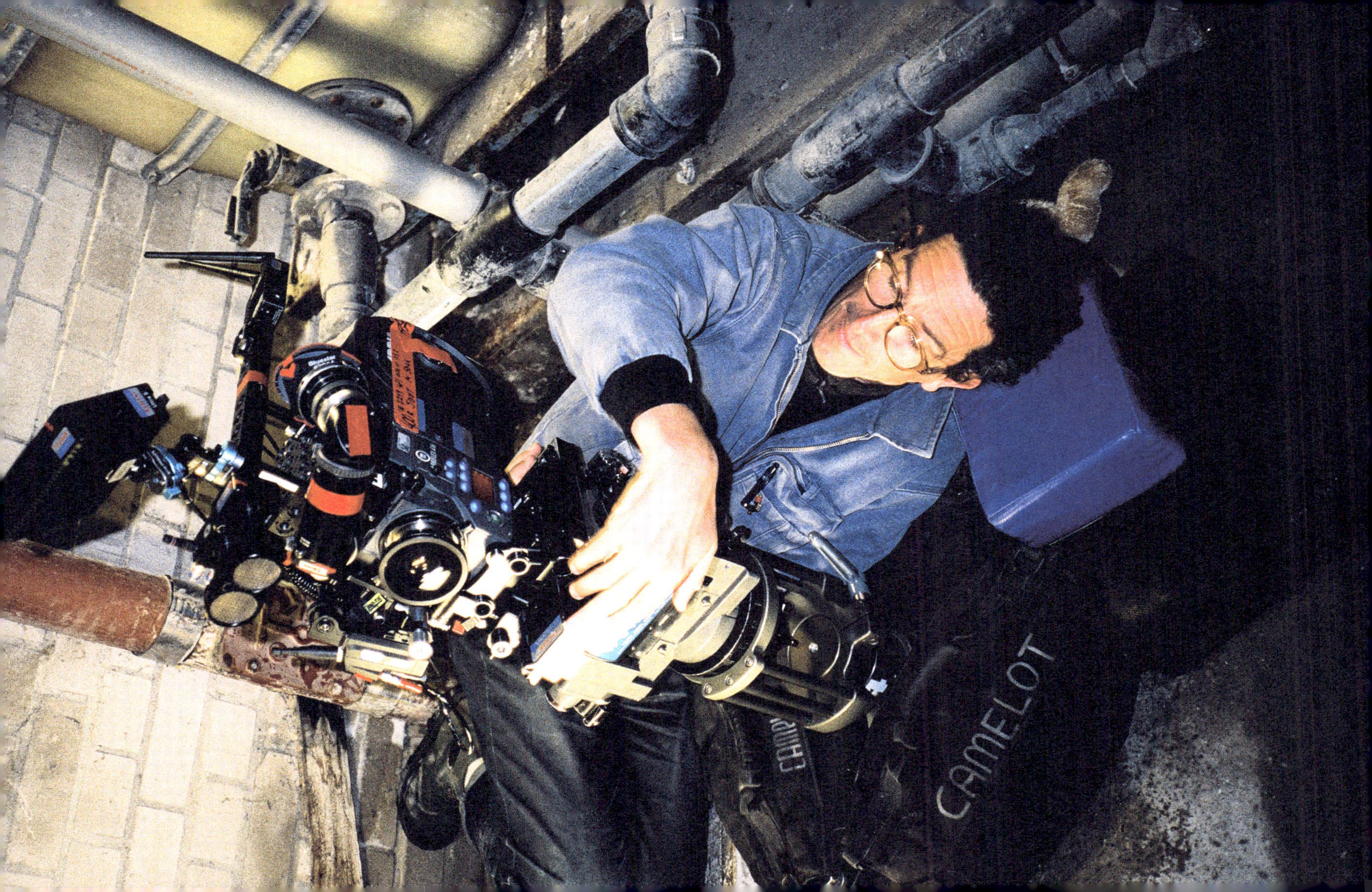
CAMELOT

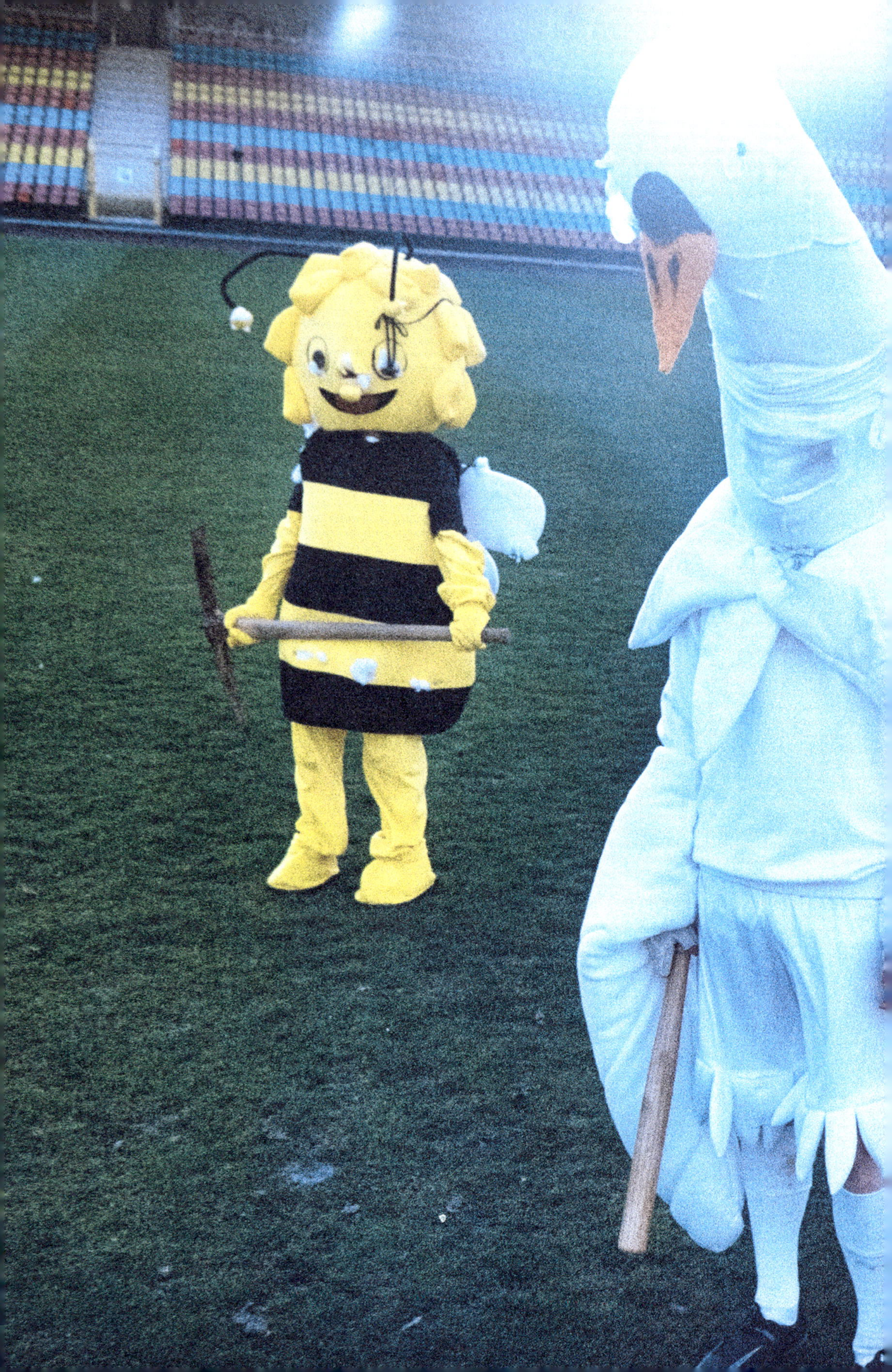

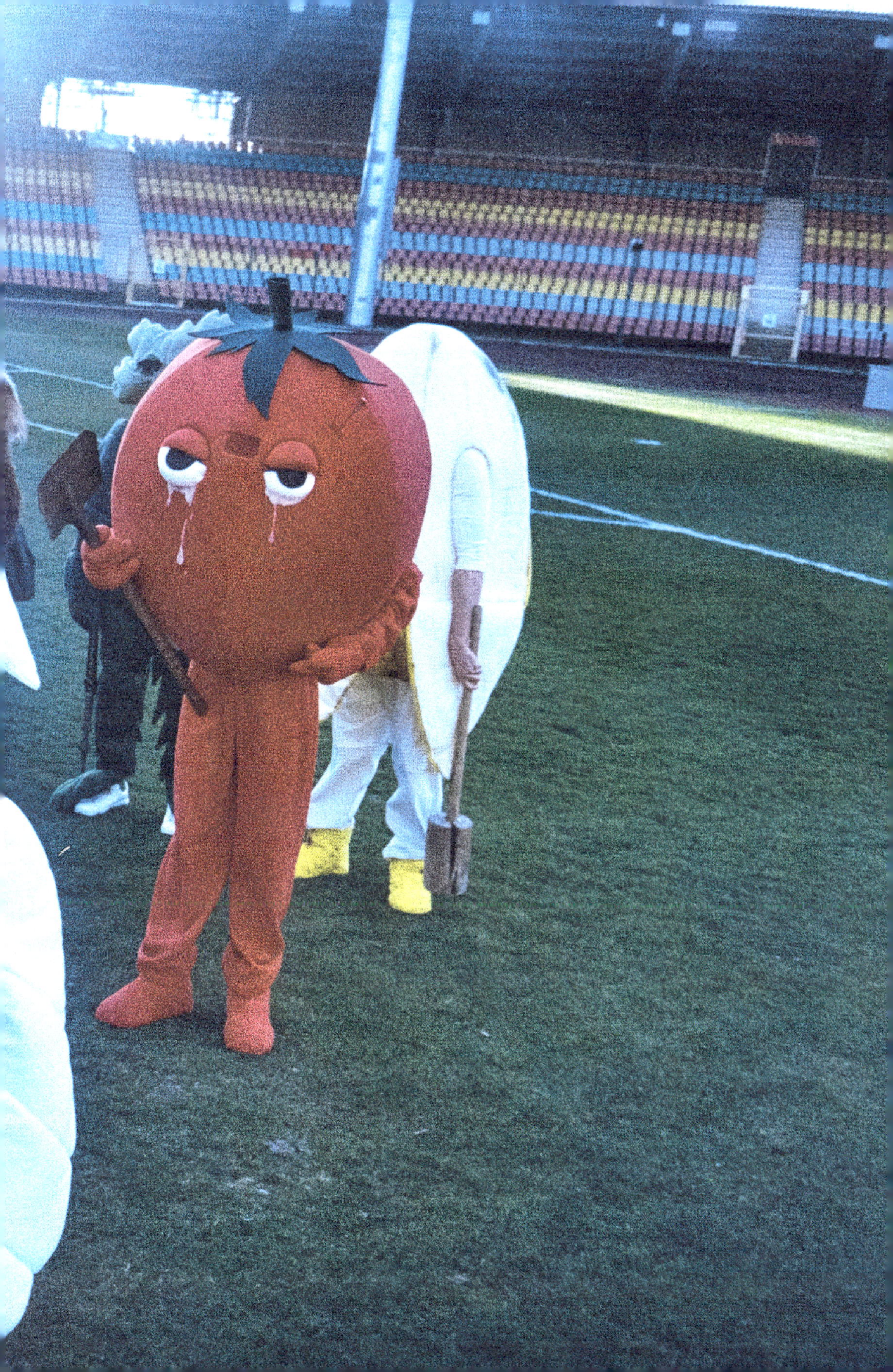